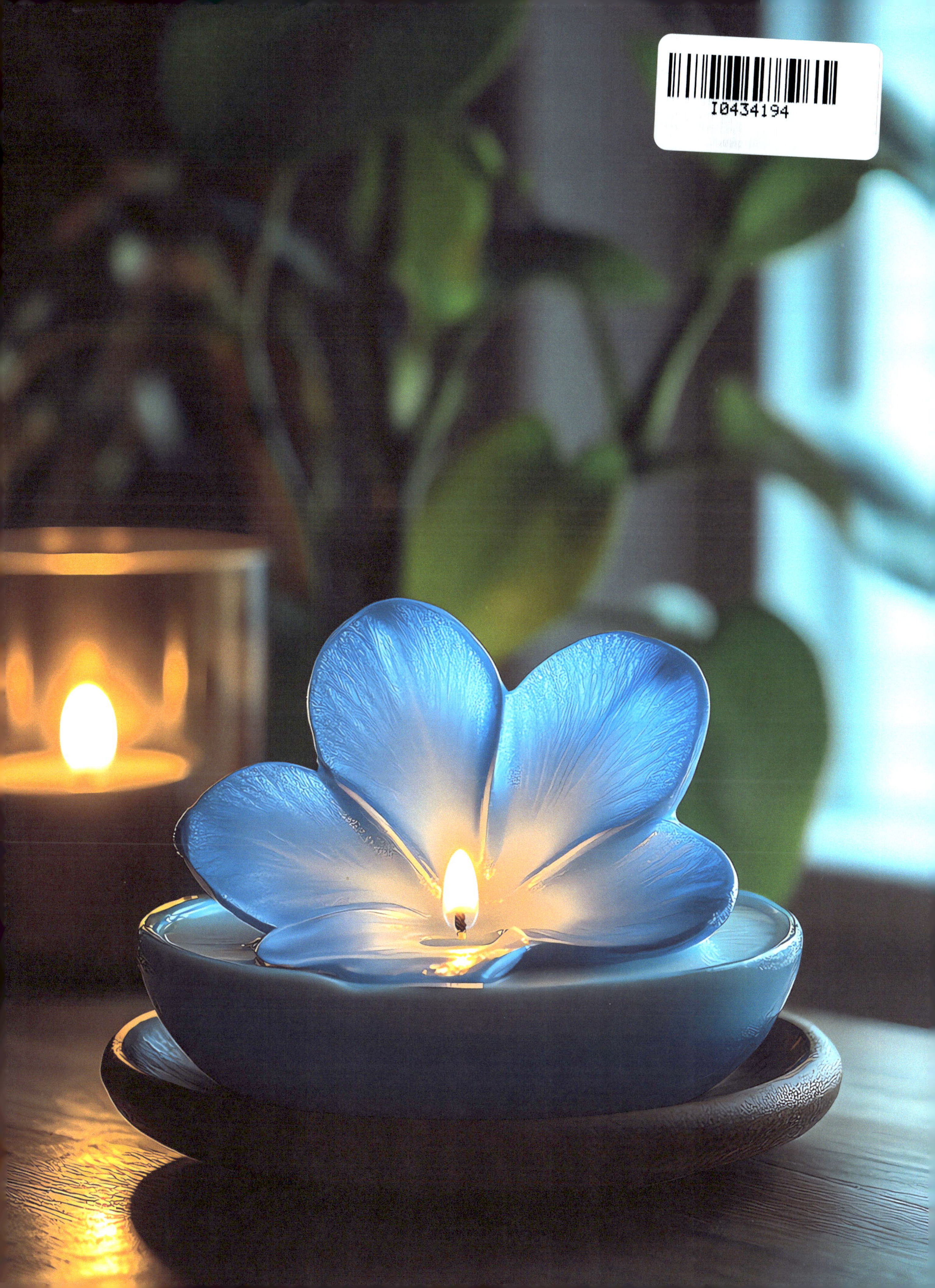

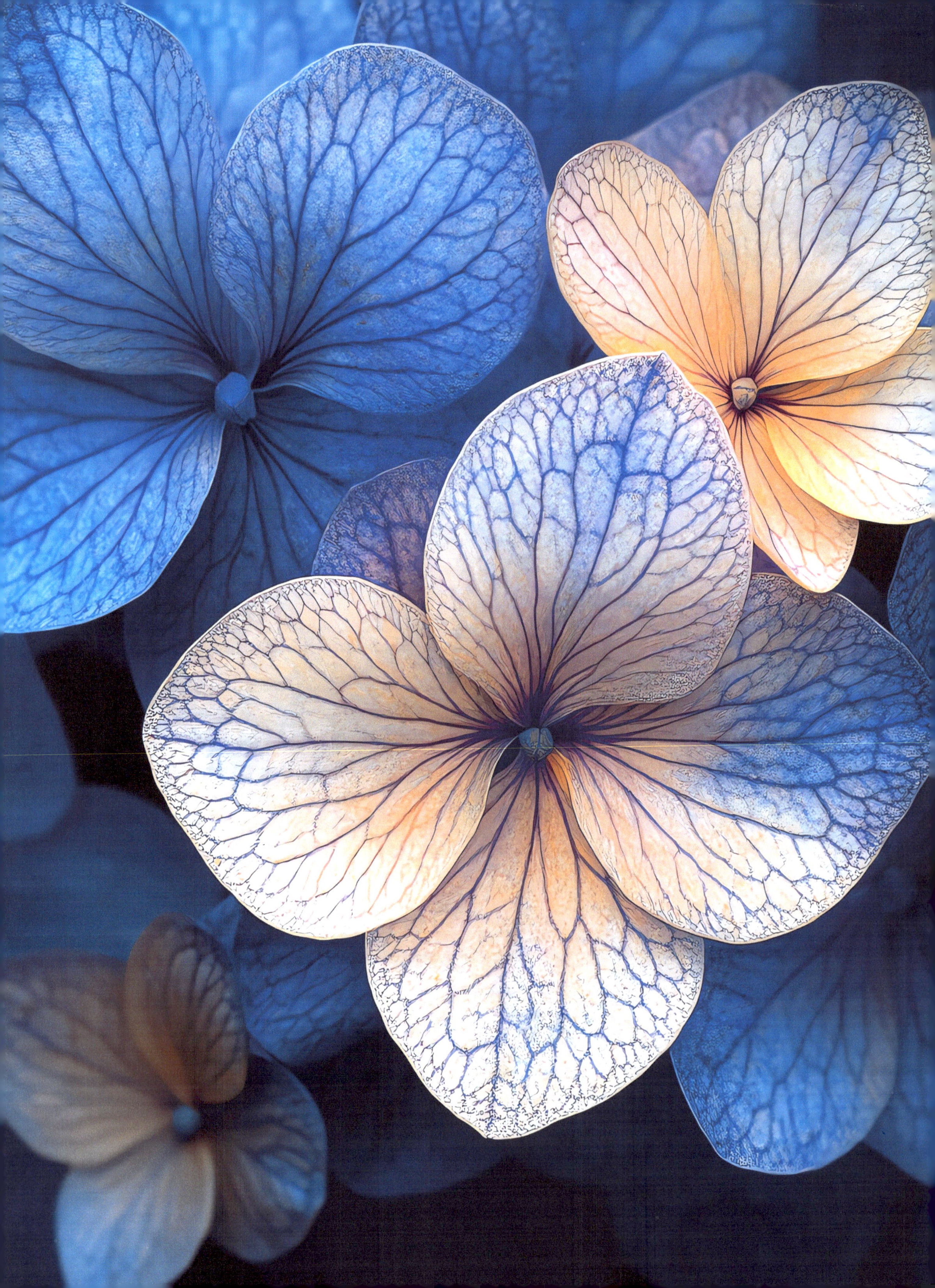

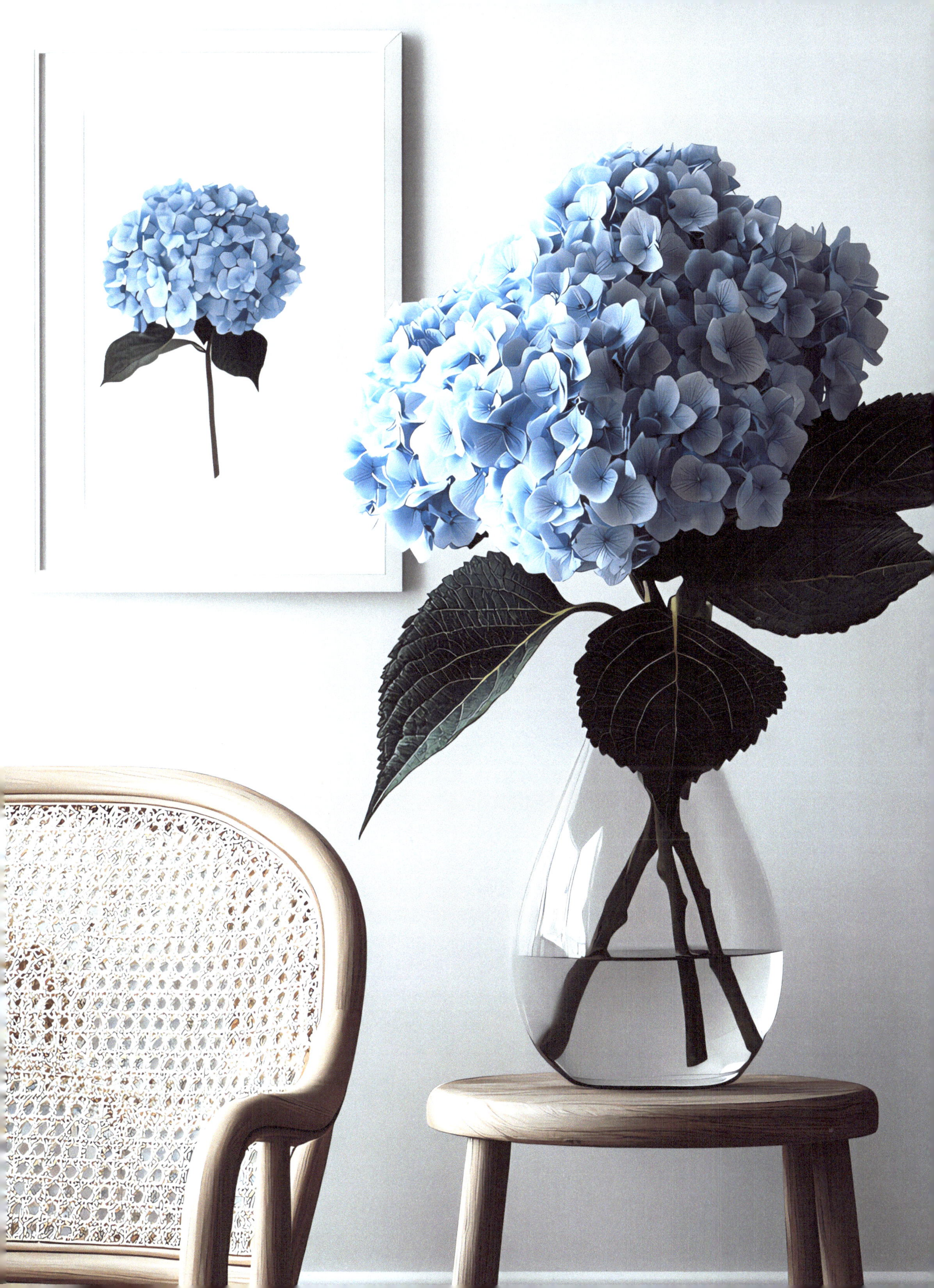

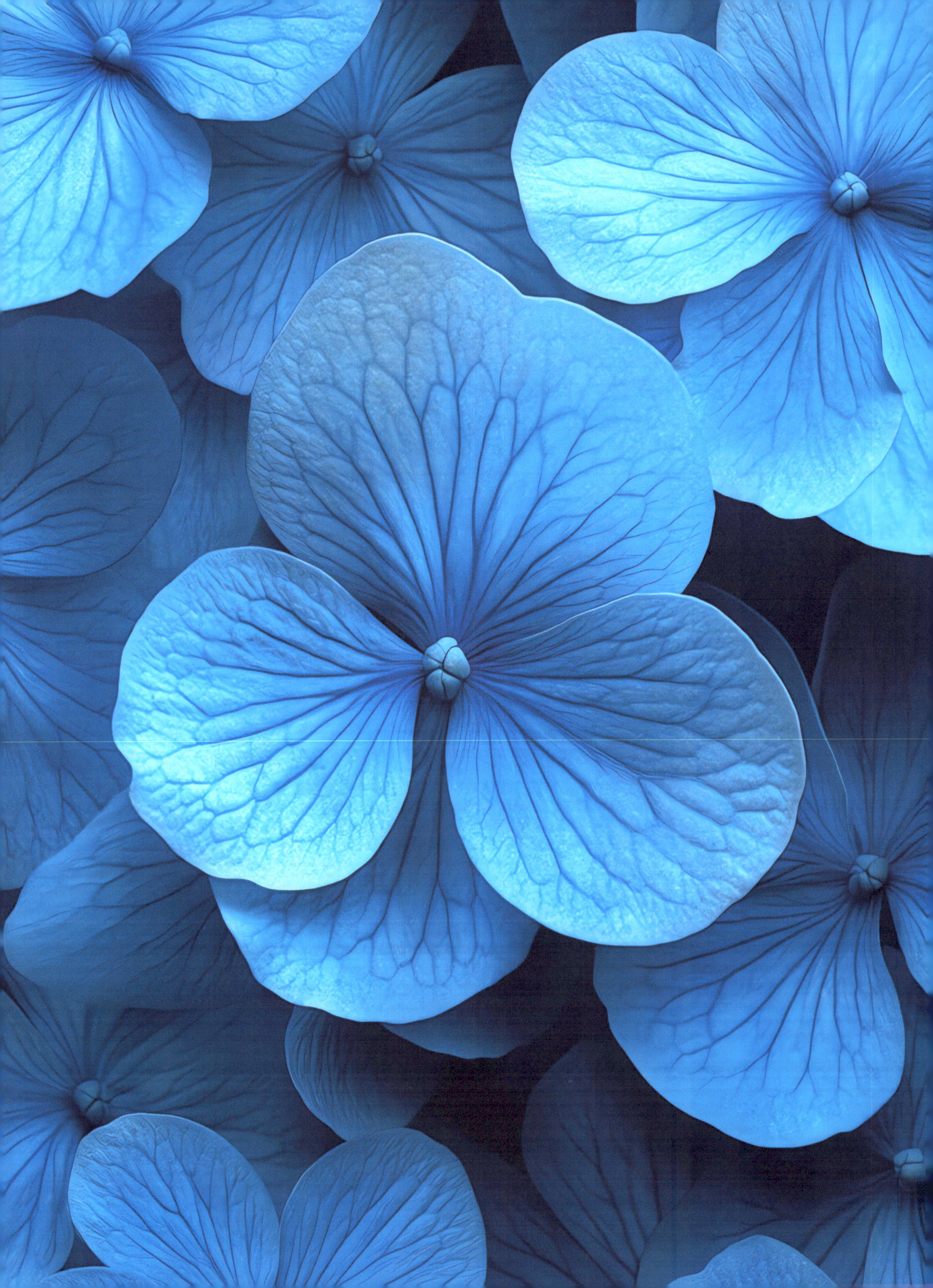

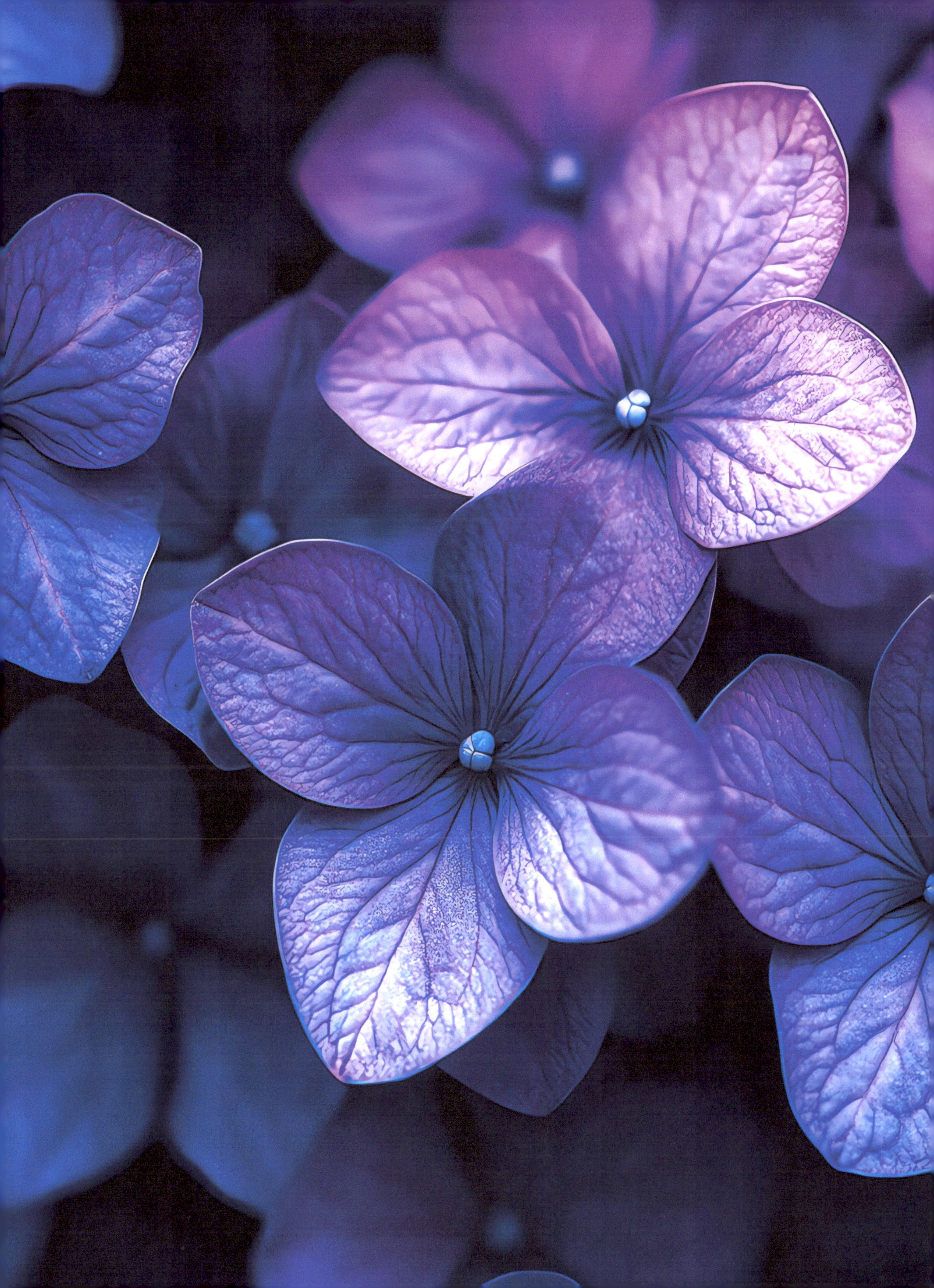

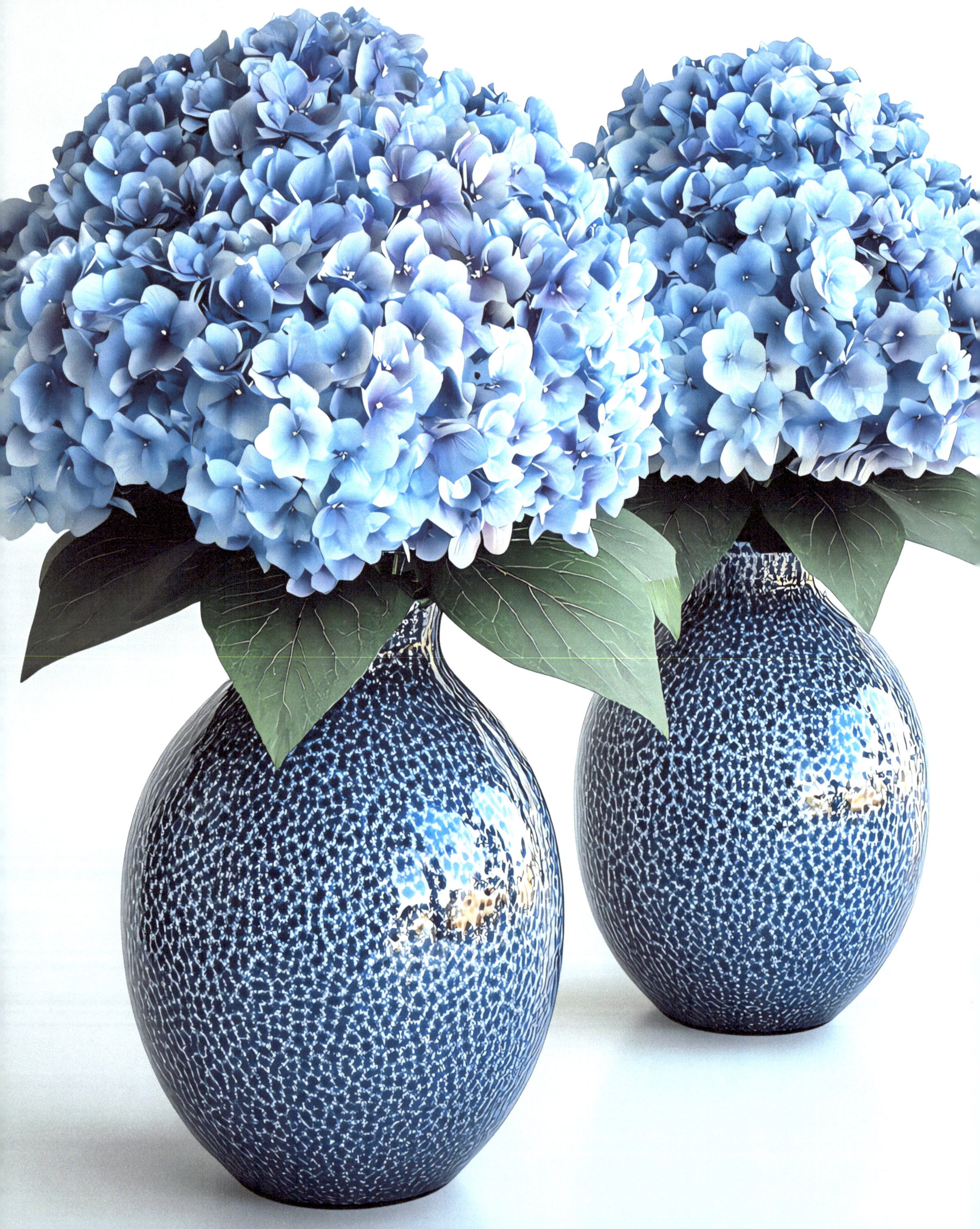

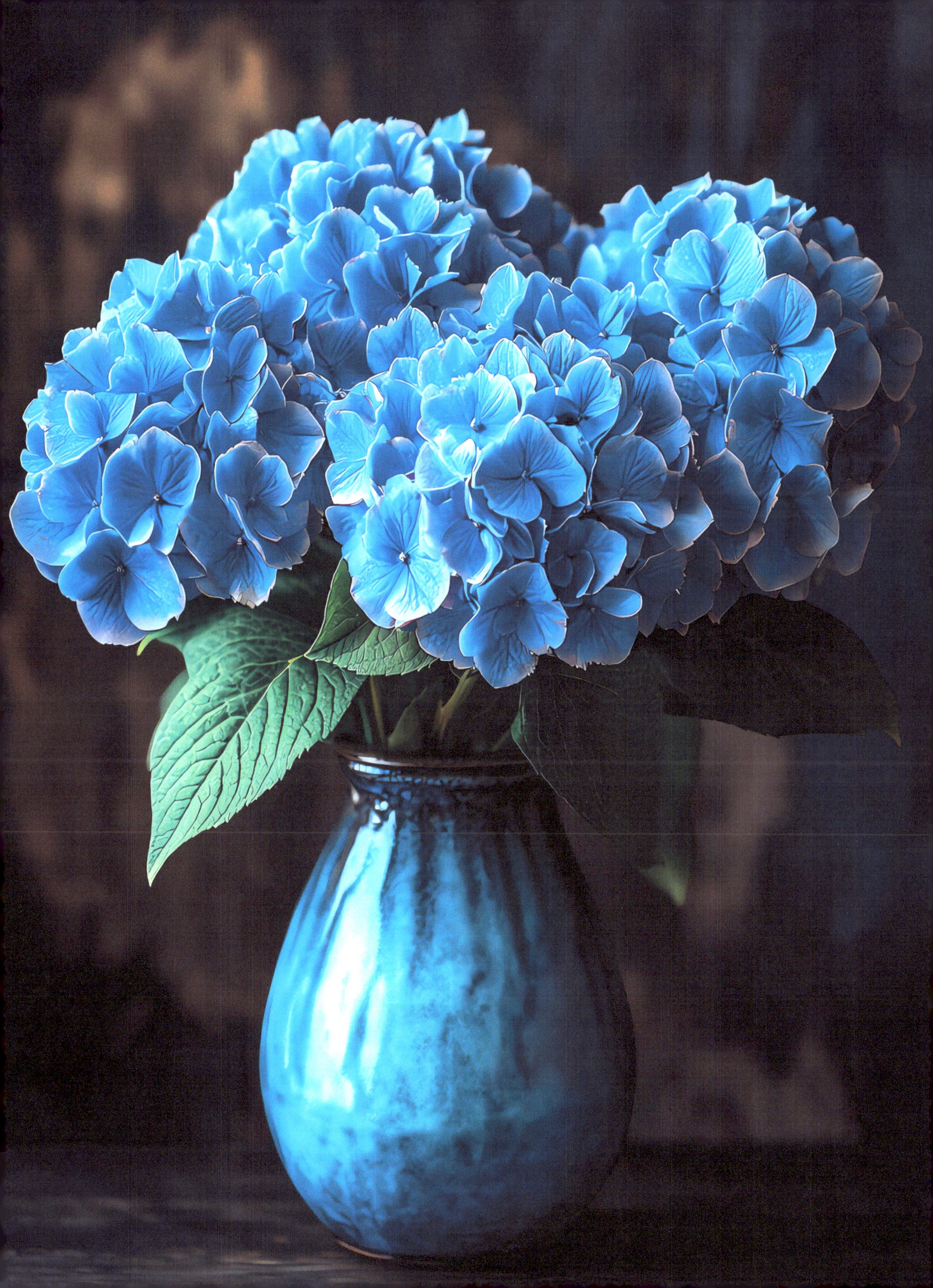

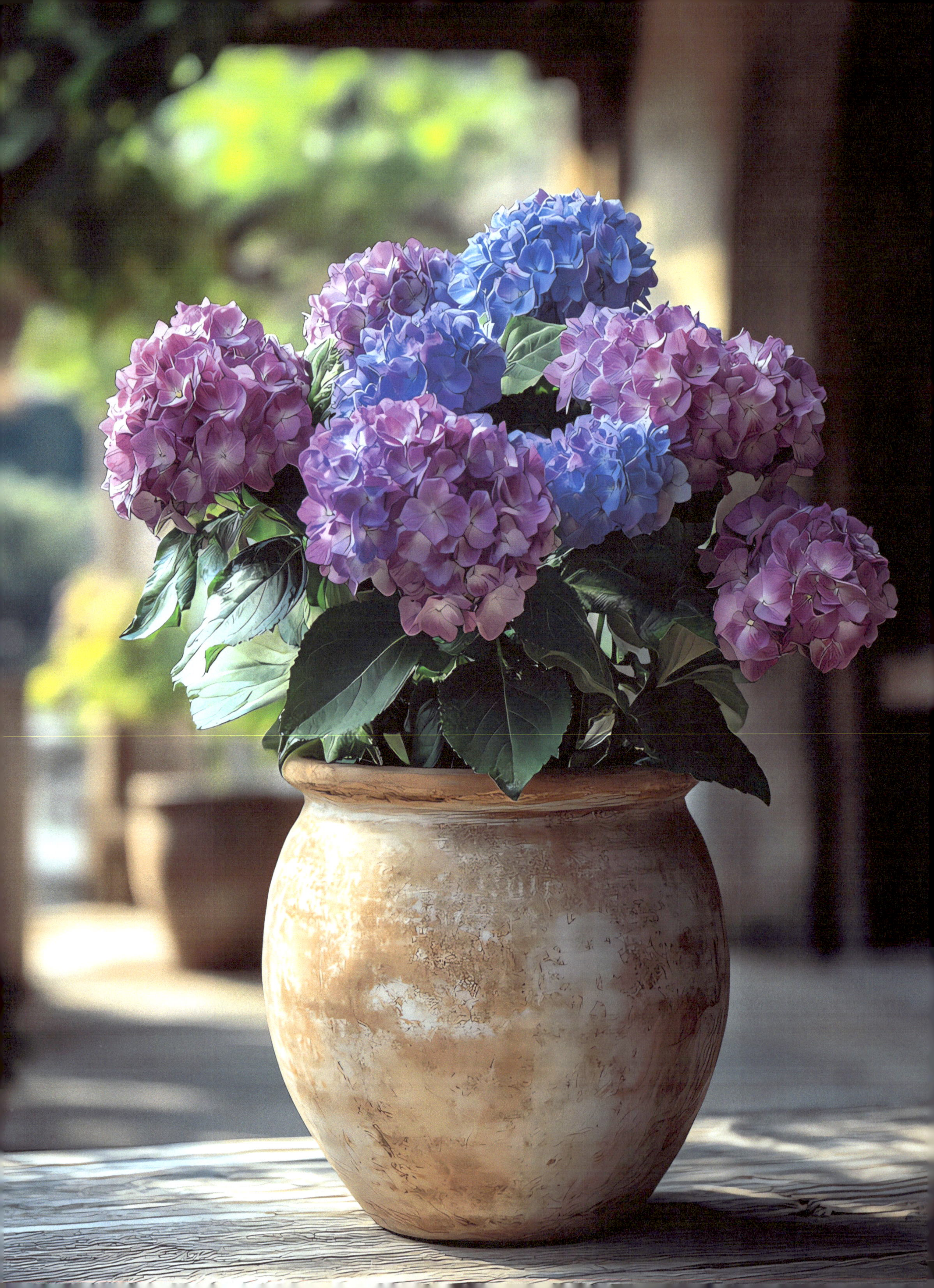

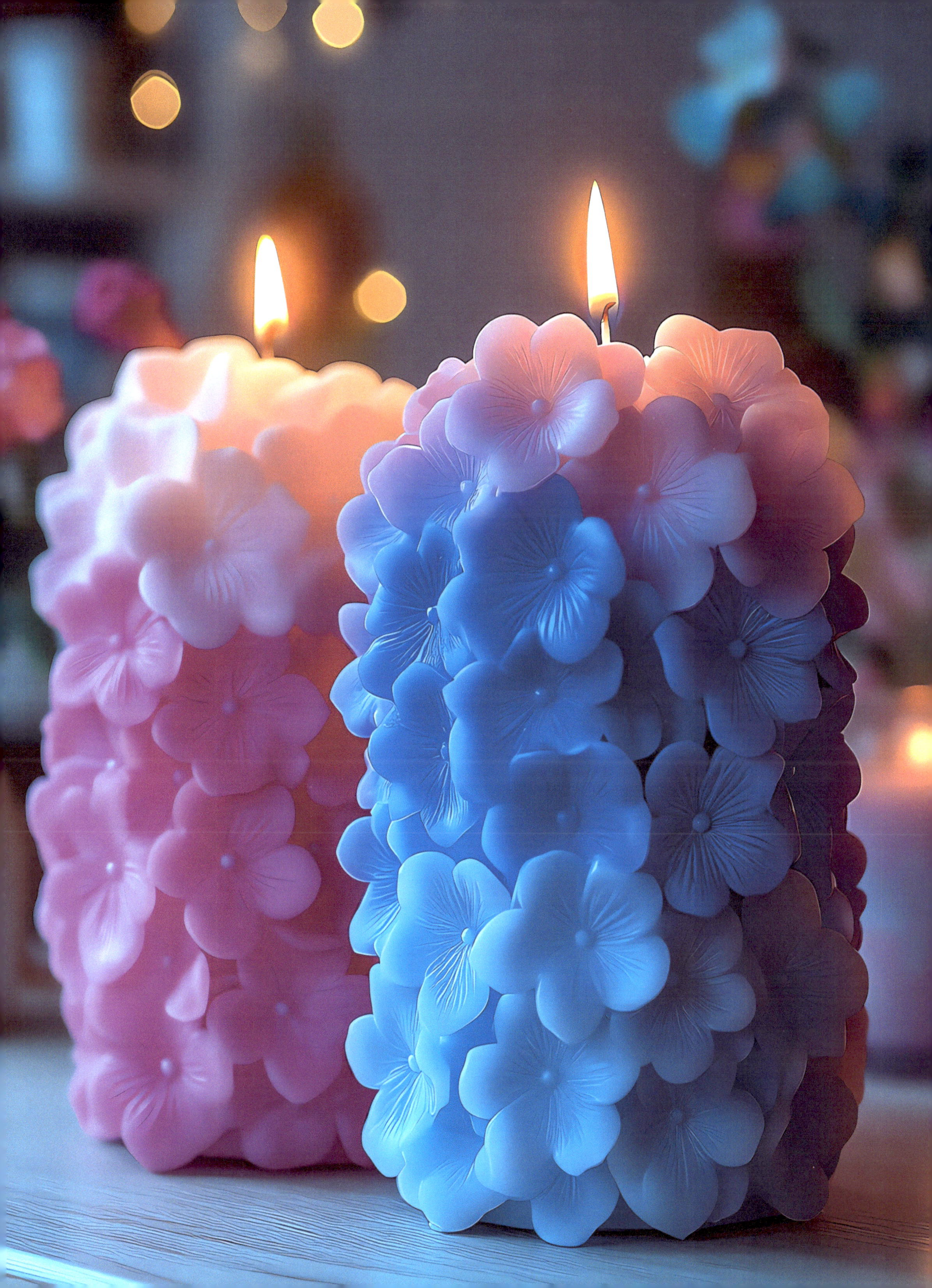

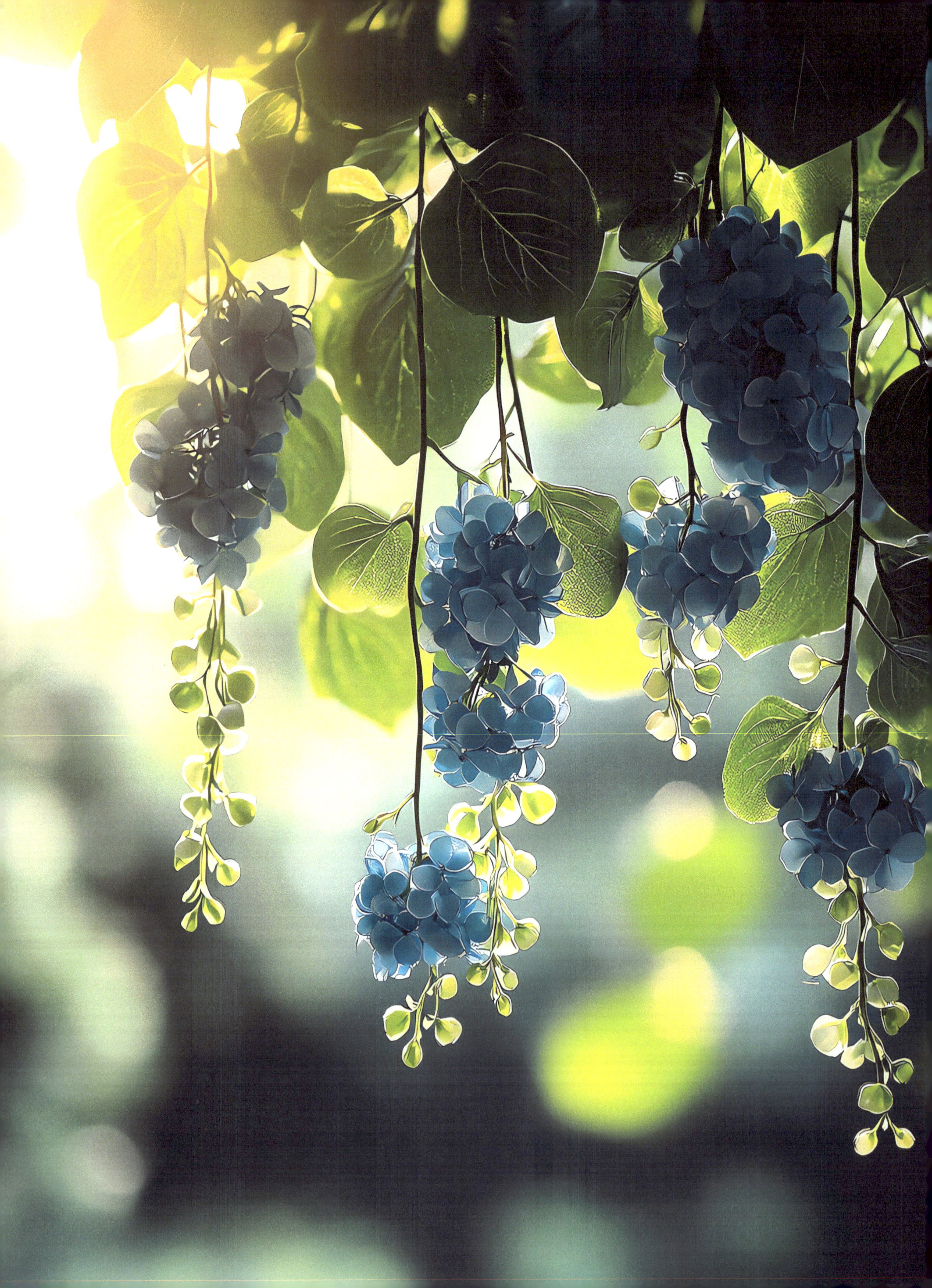

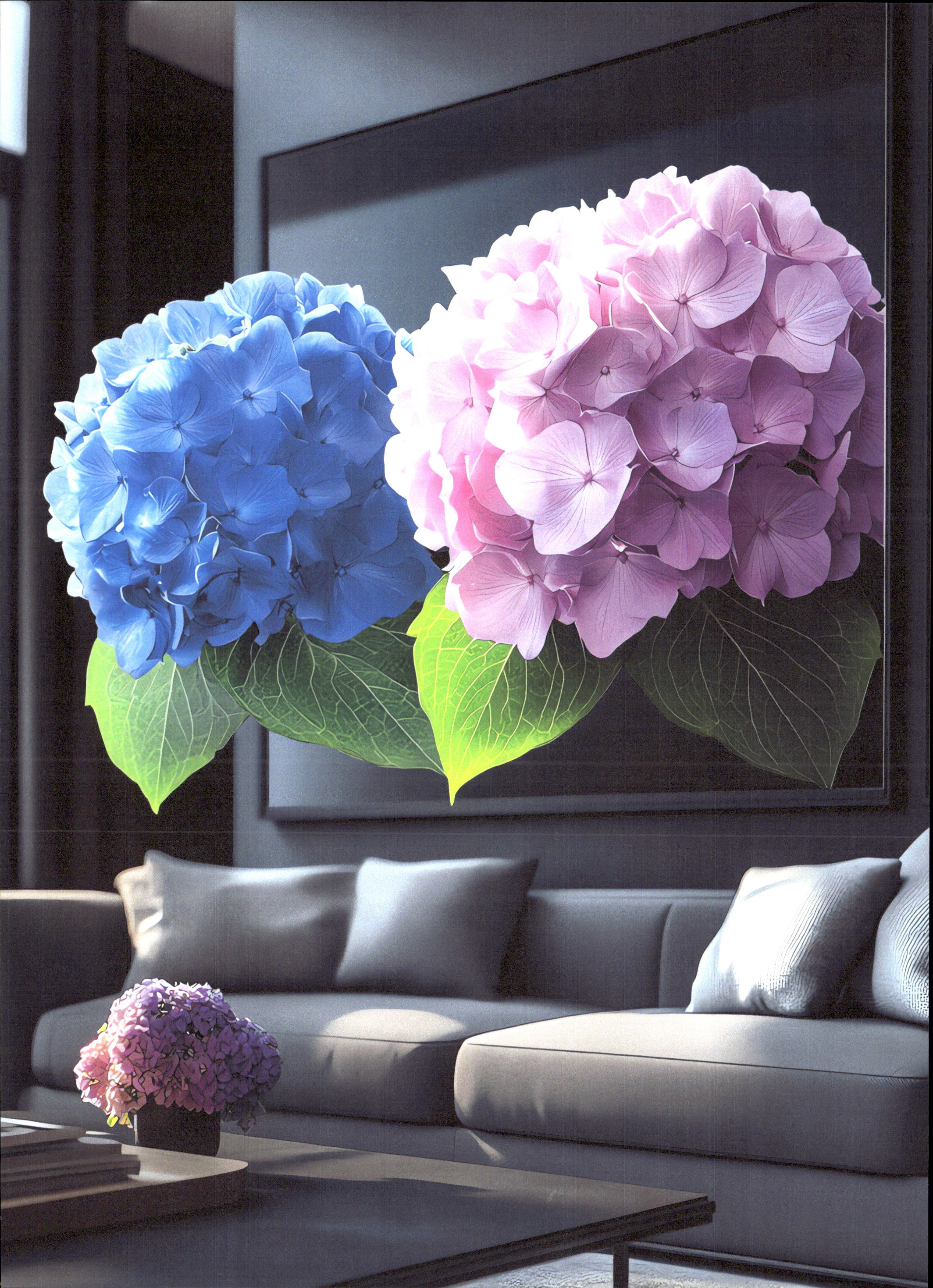

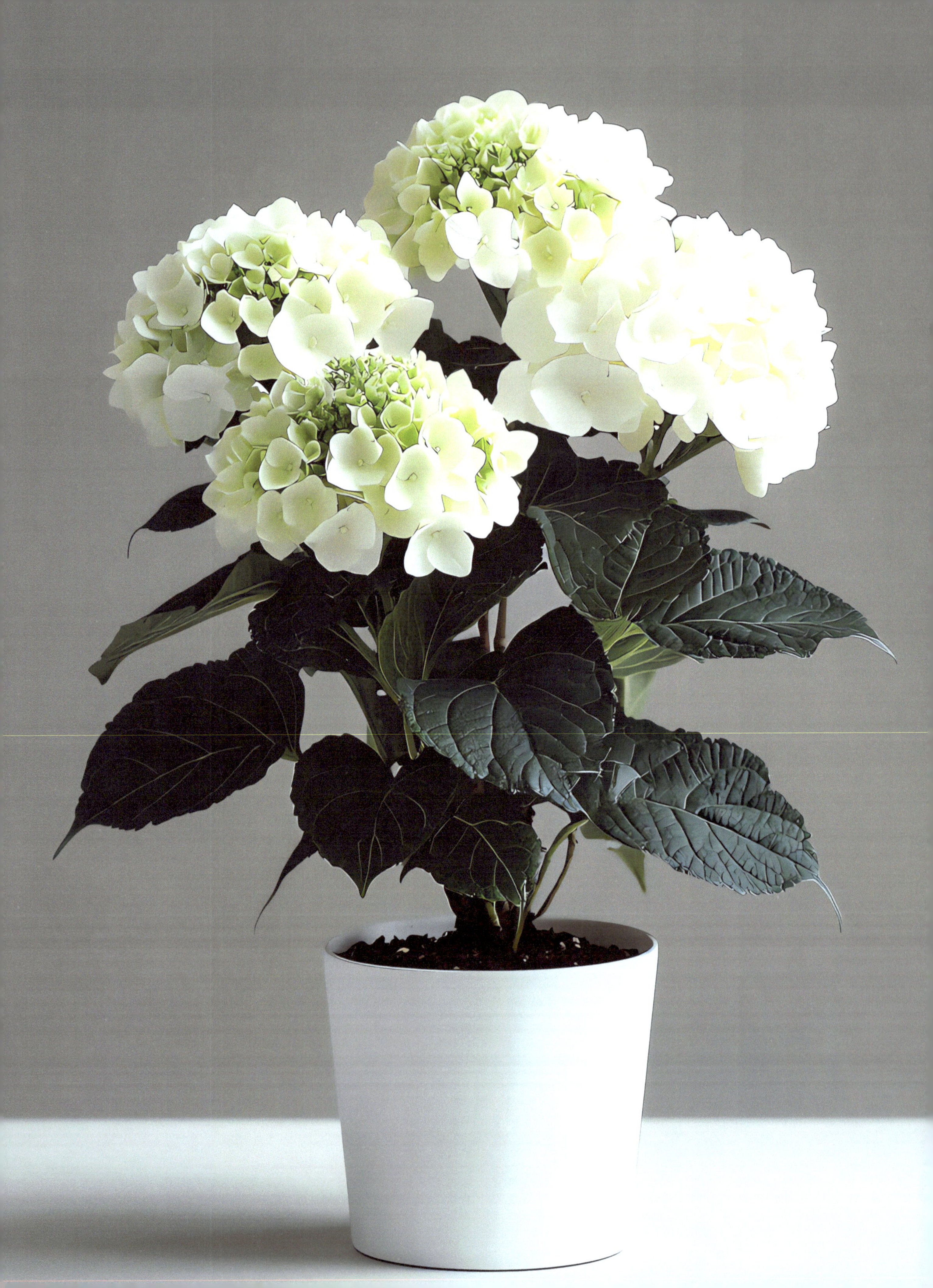

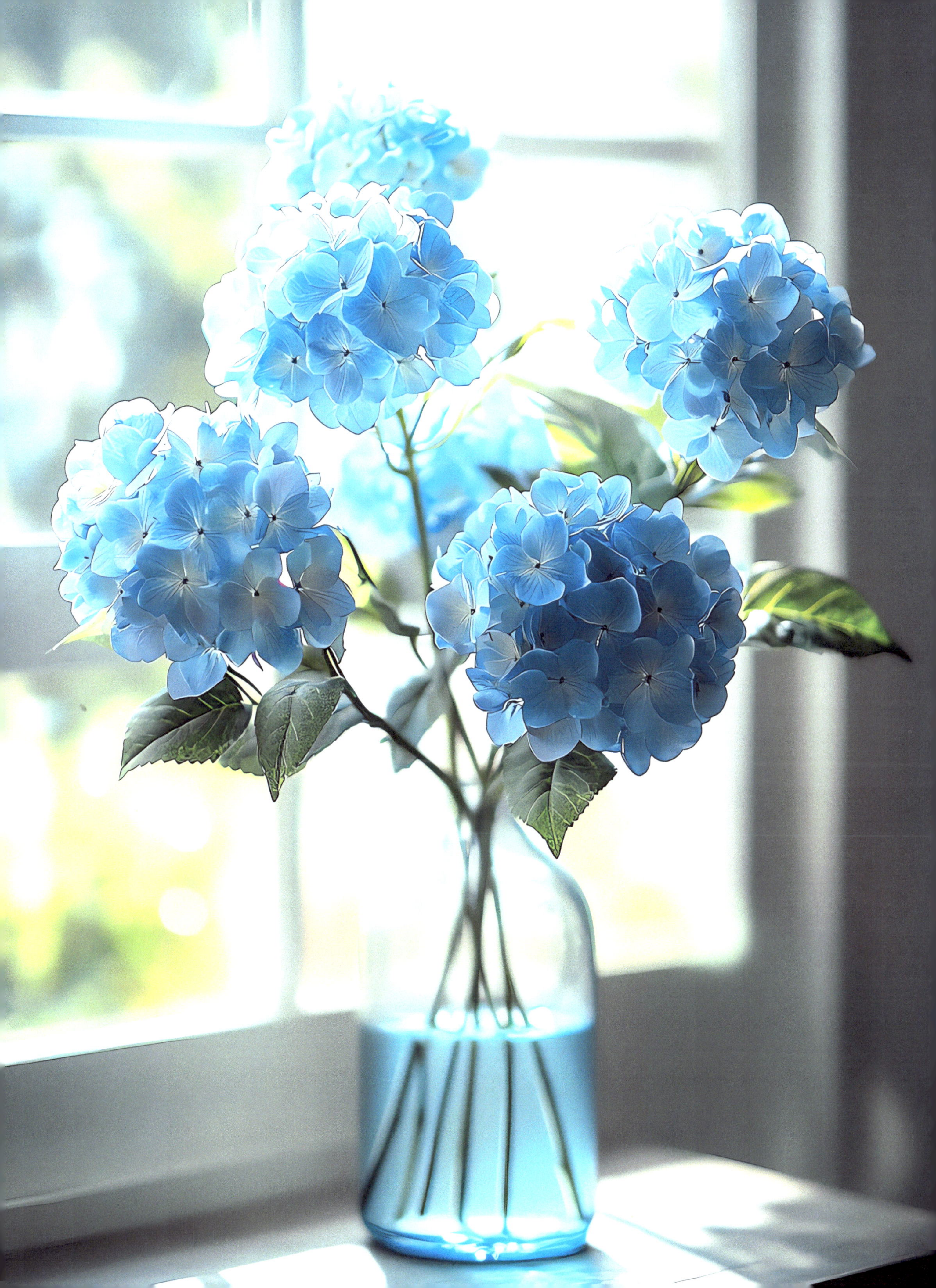

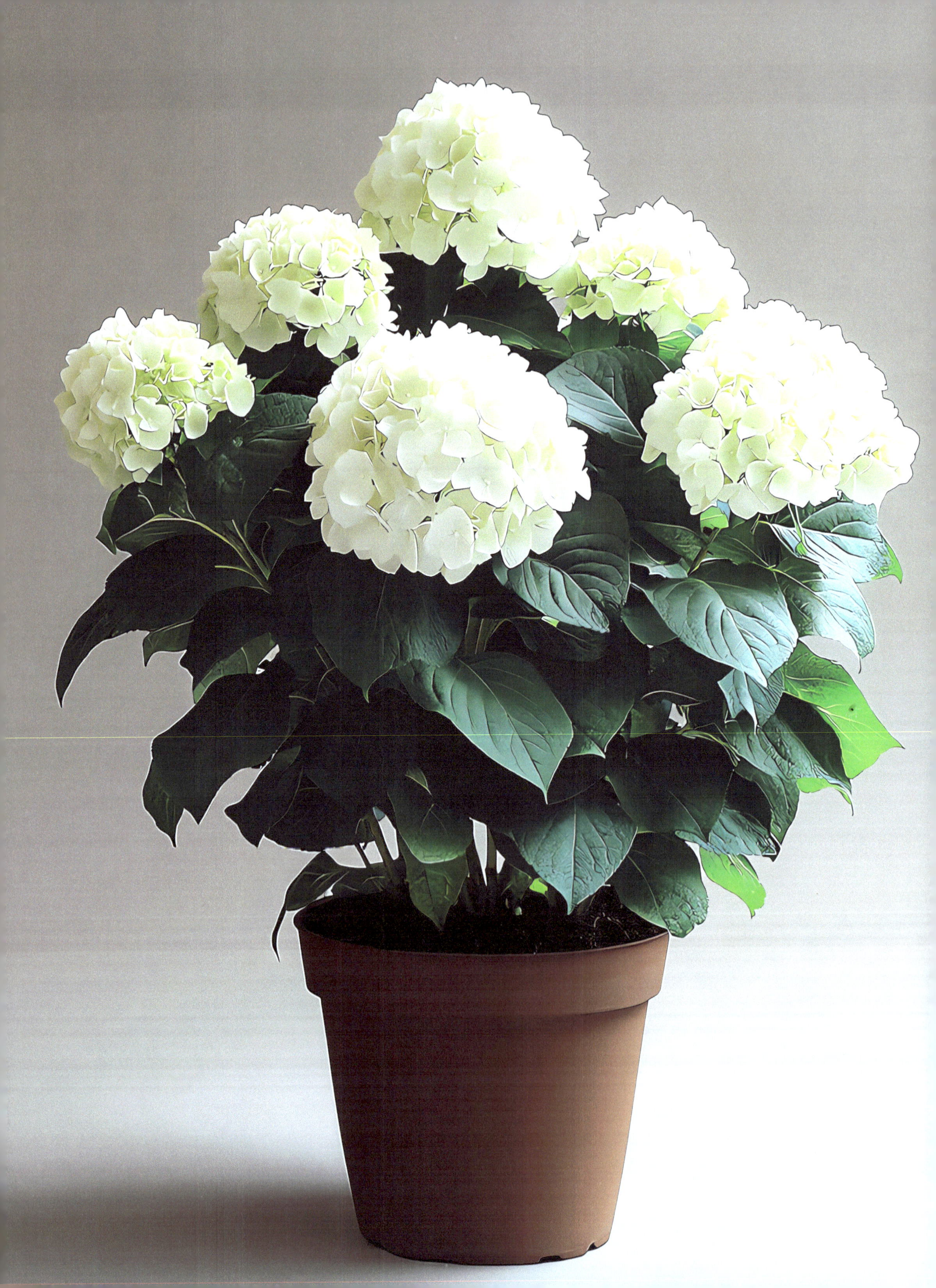

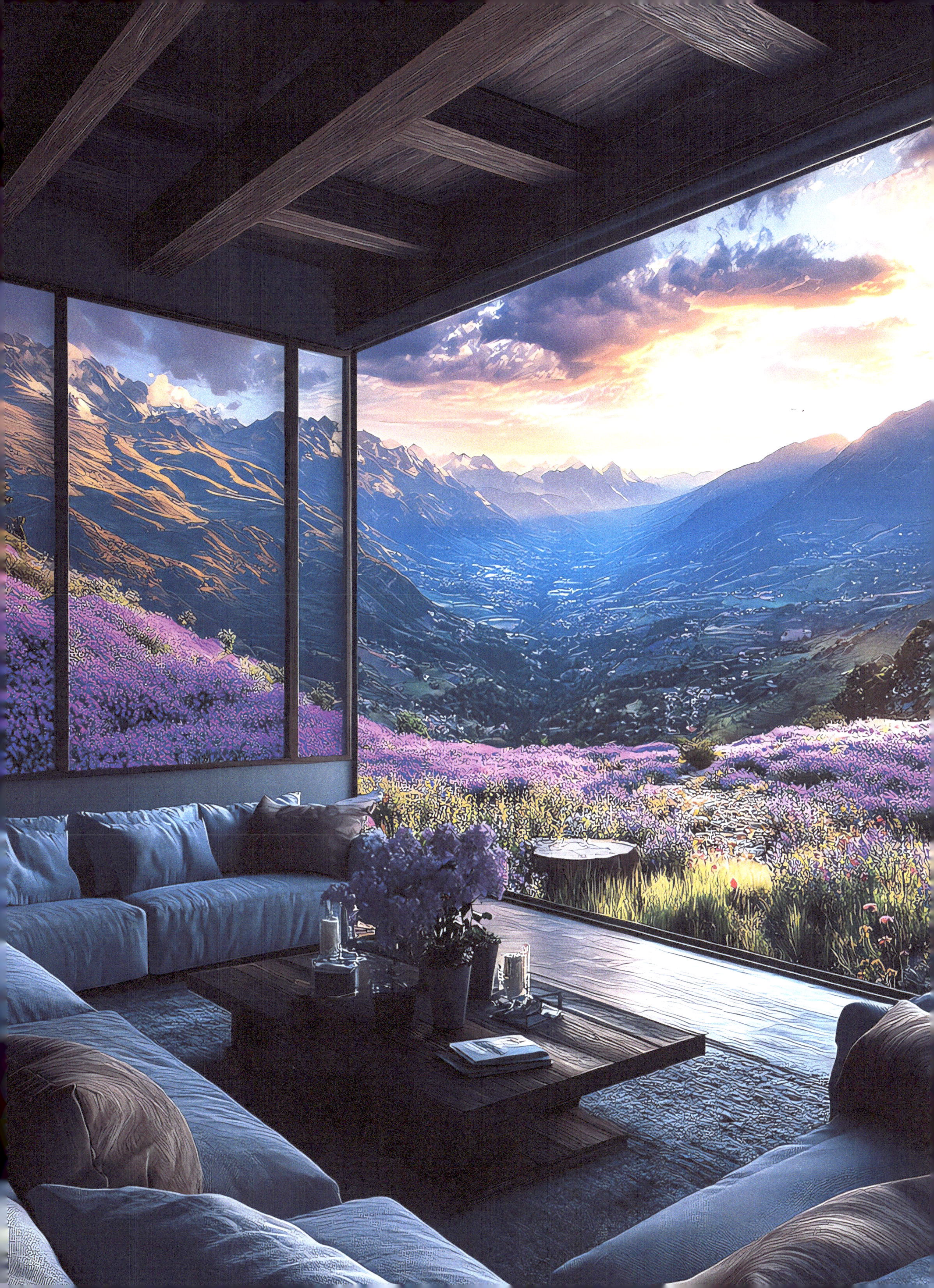

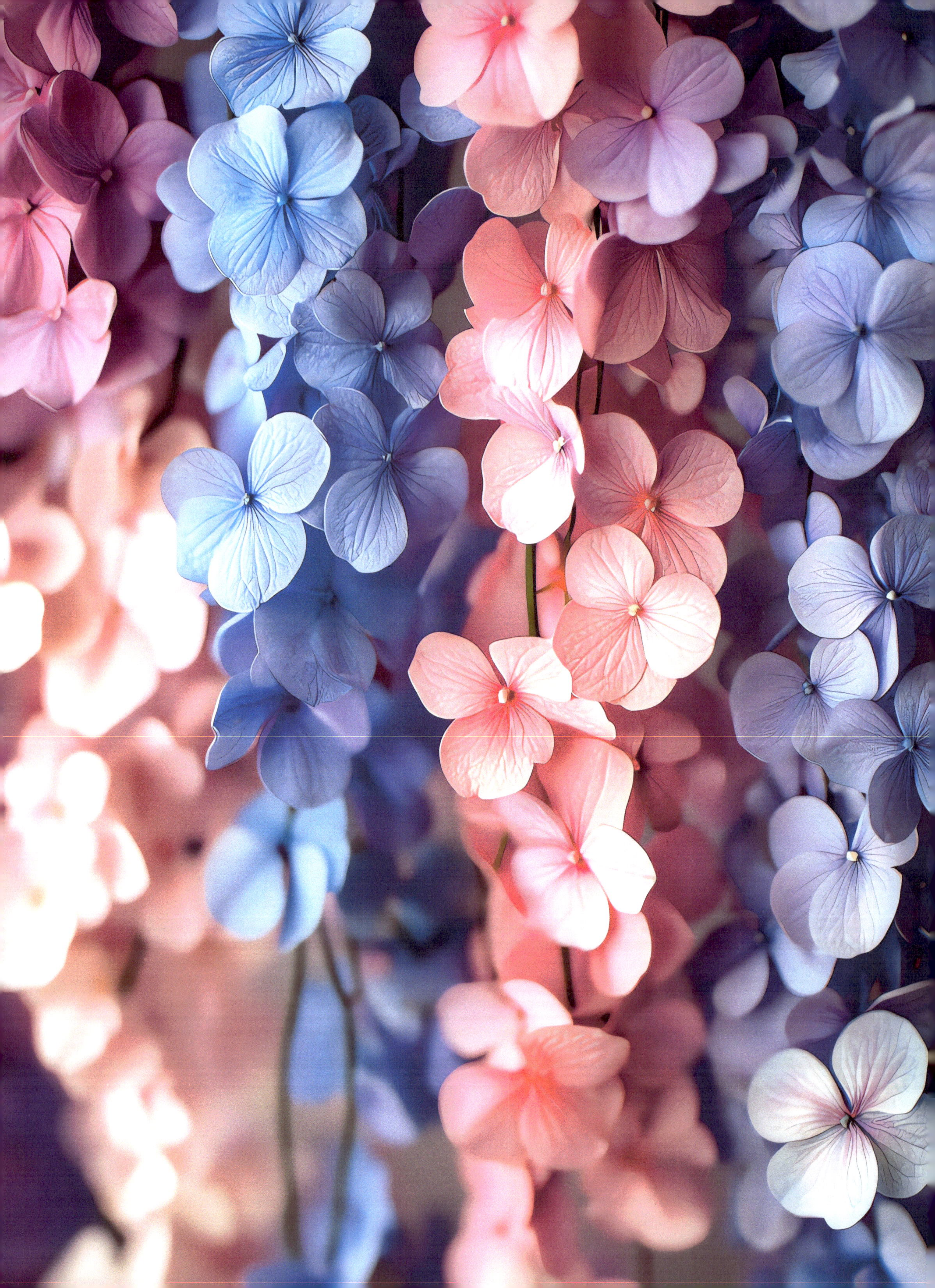

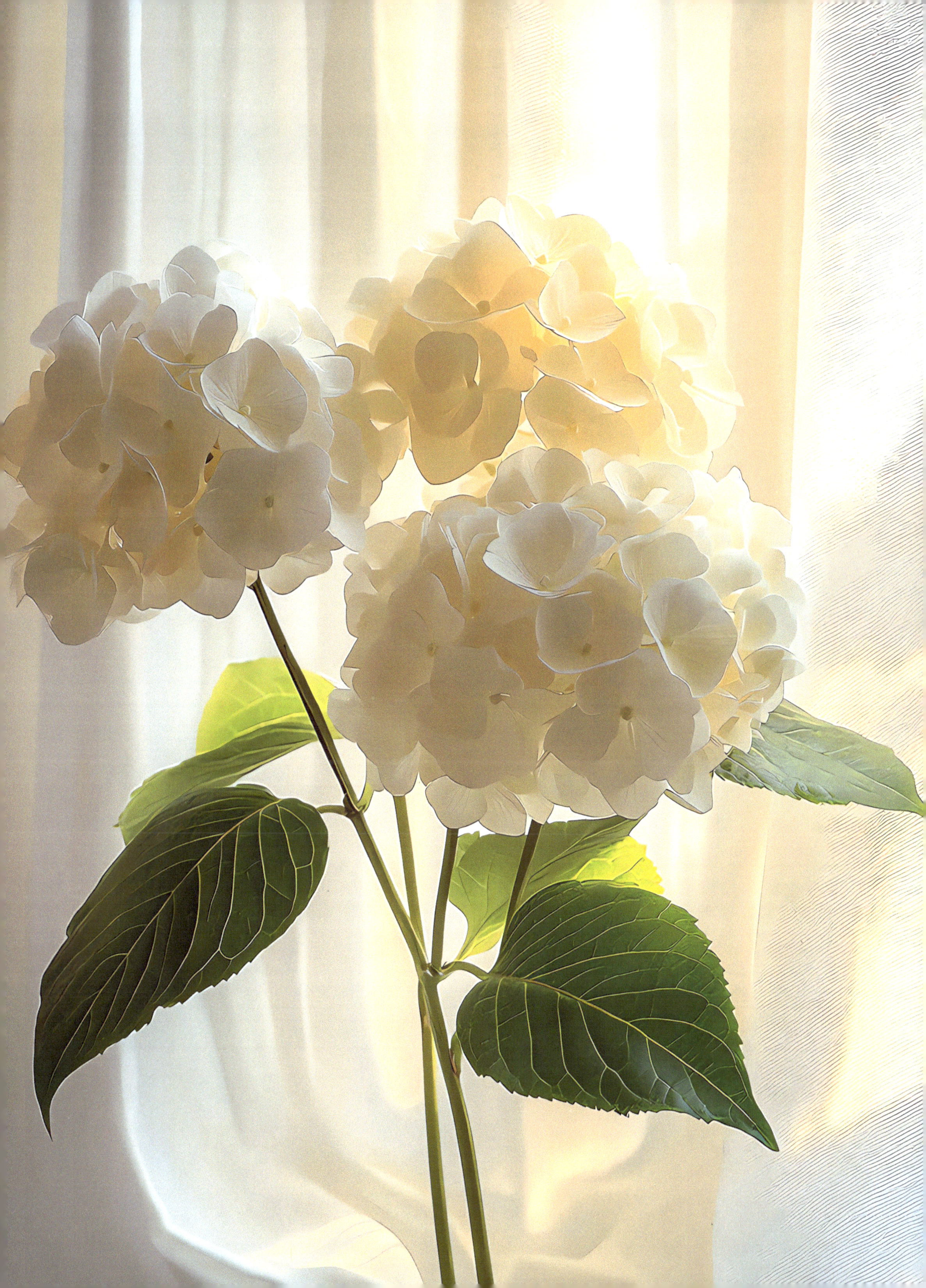

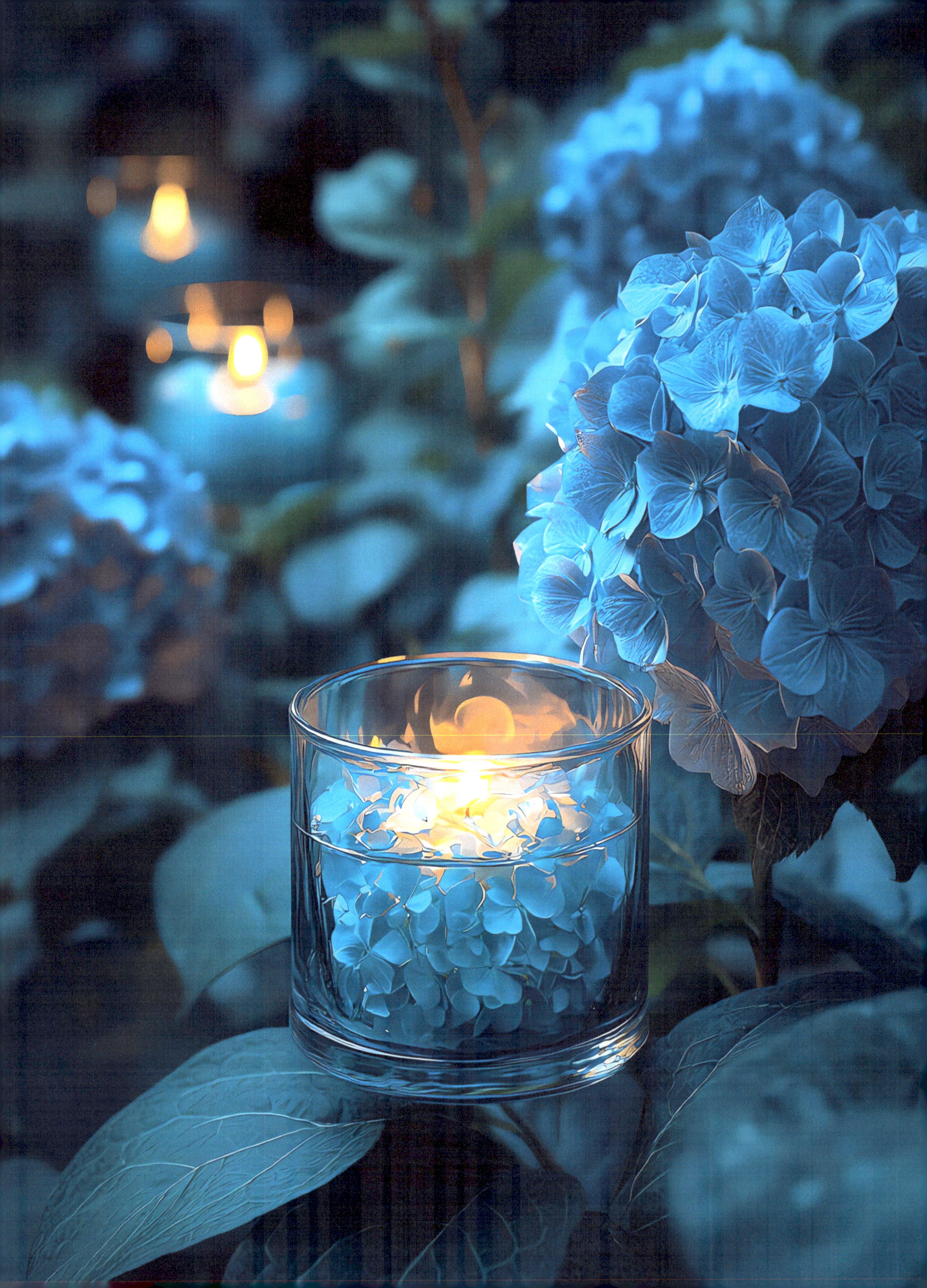

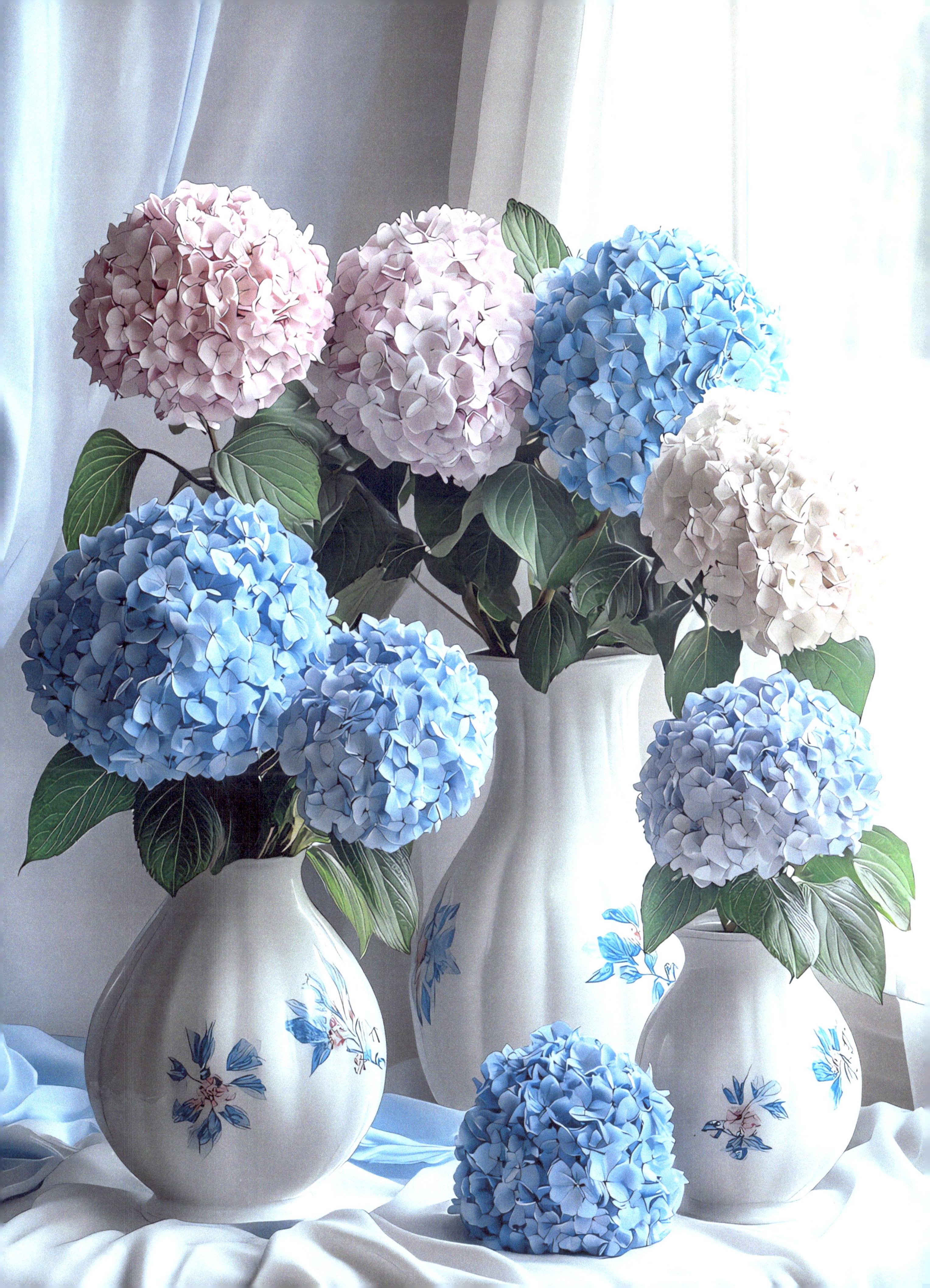

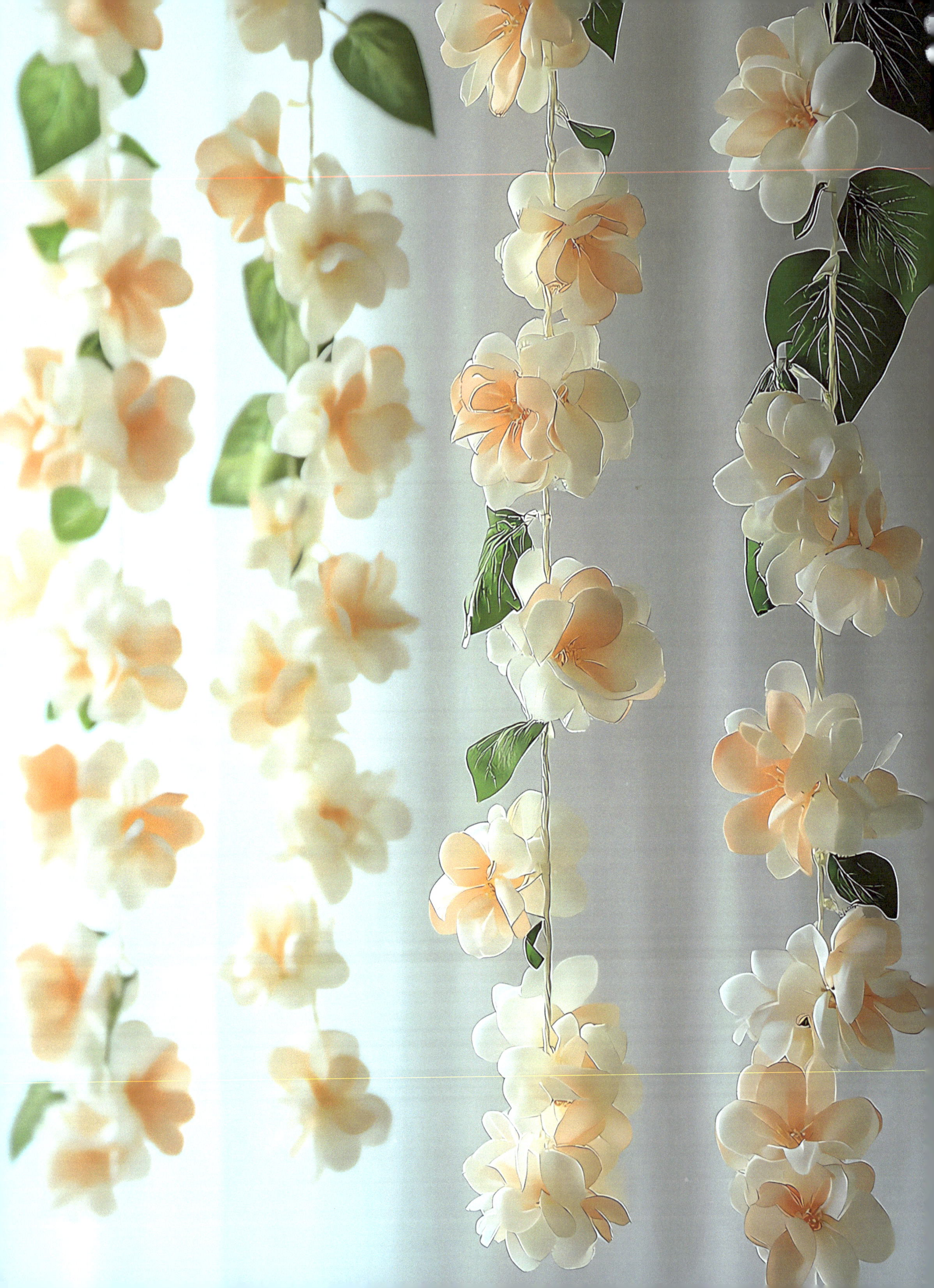

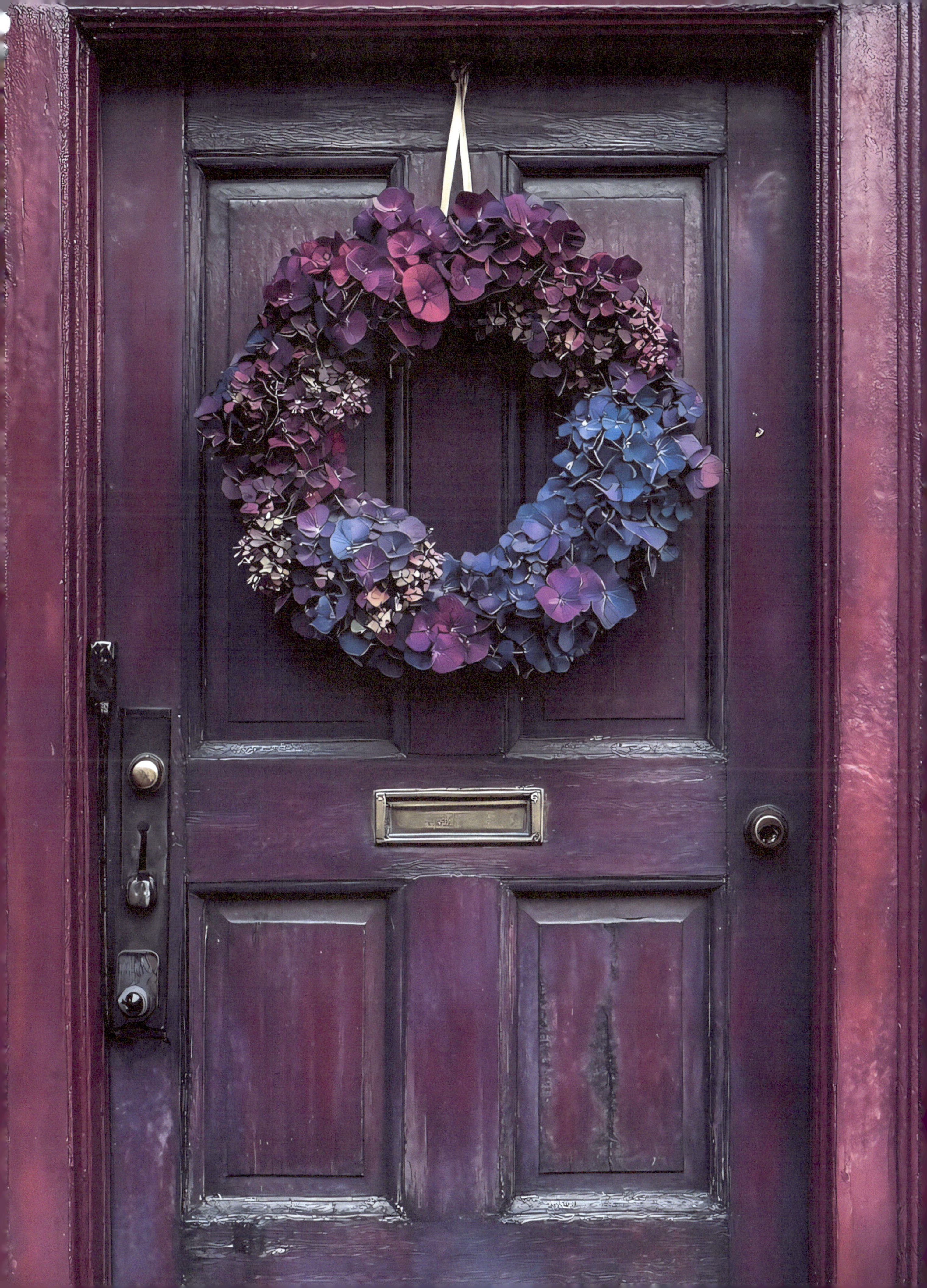

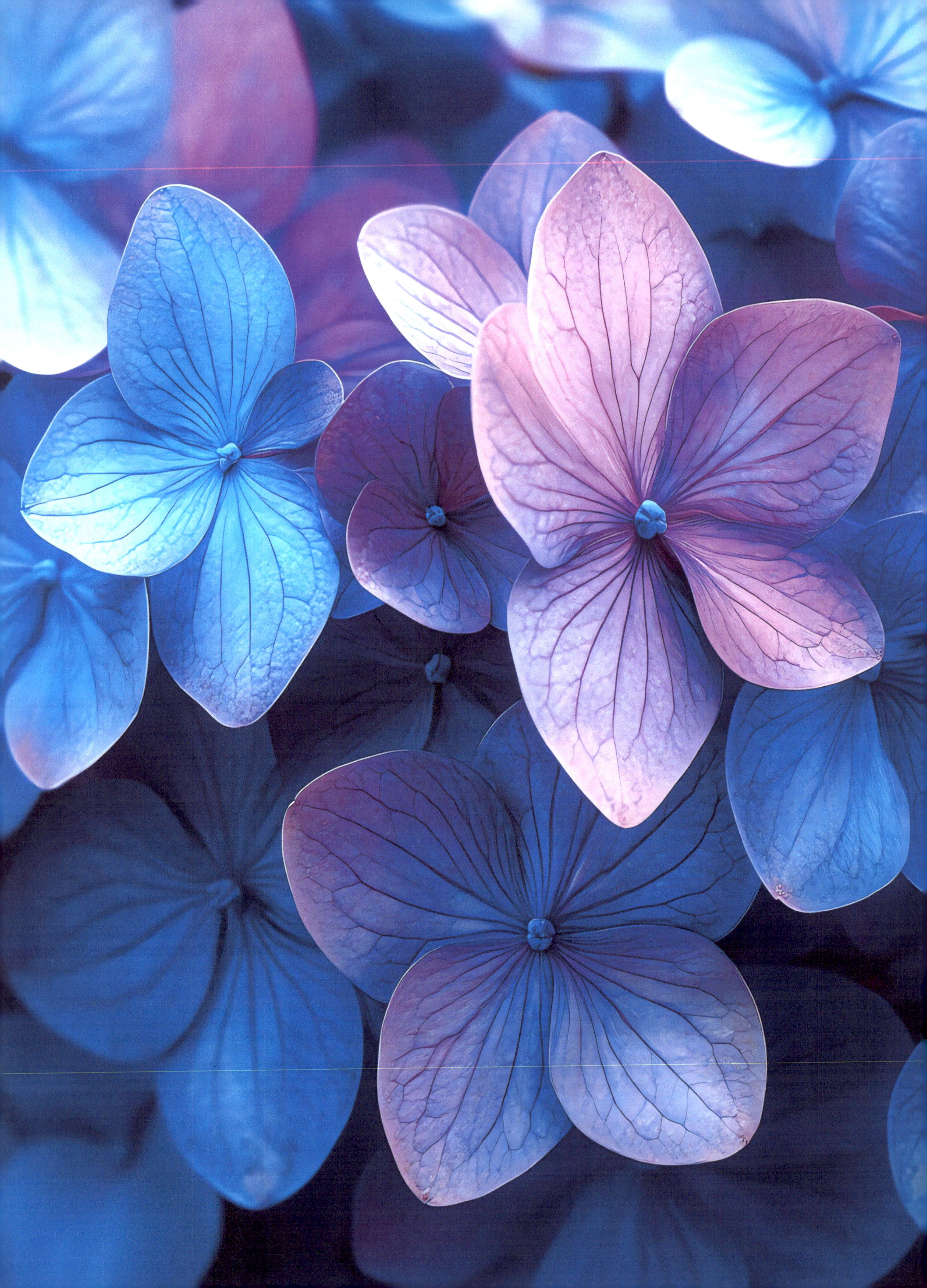

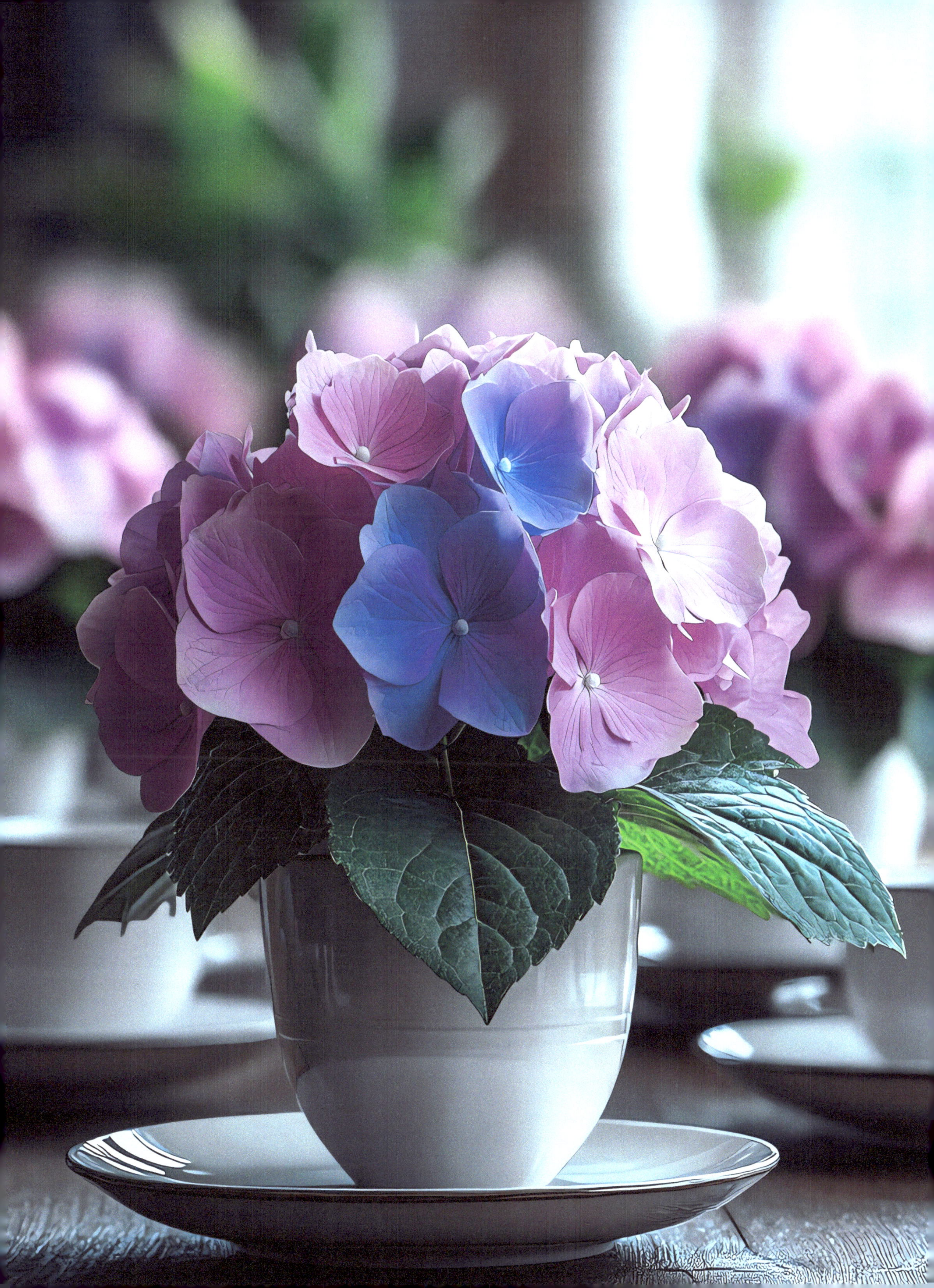

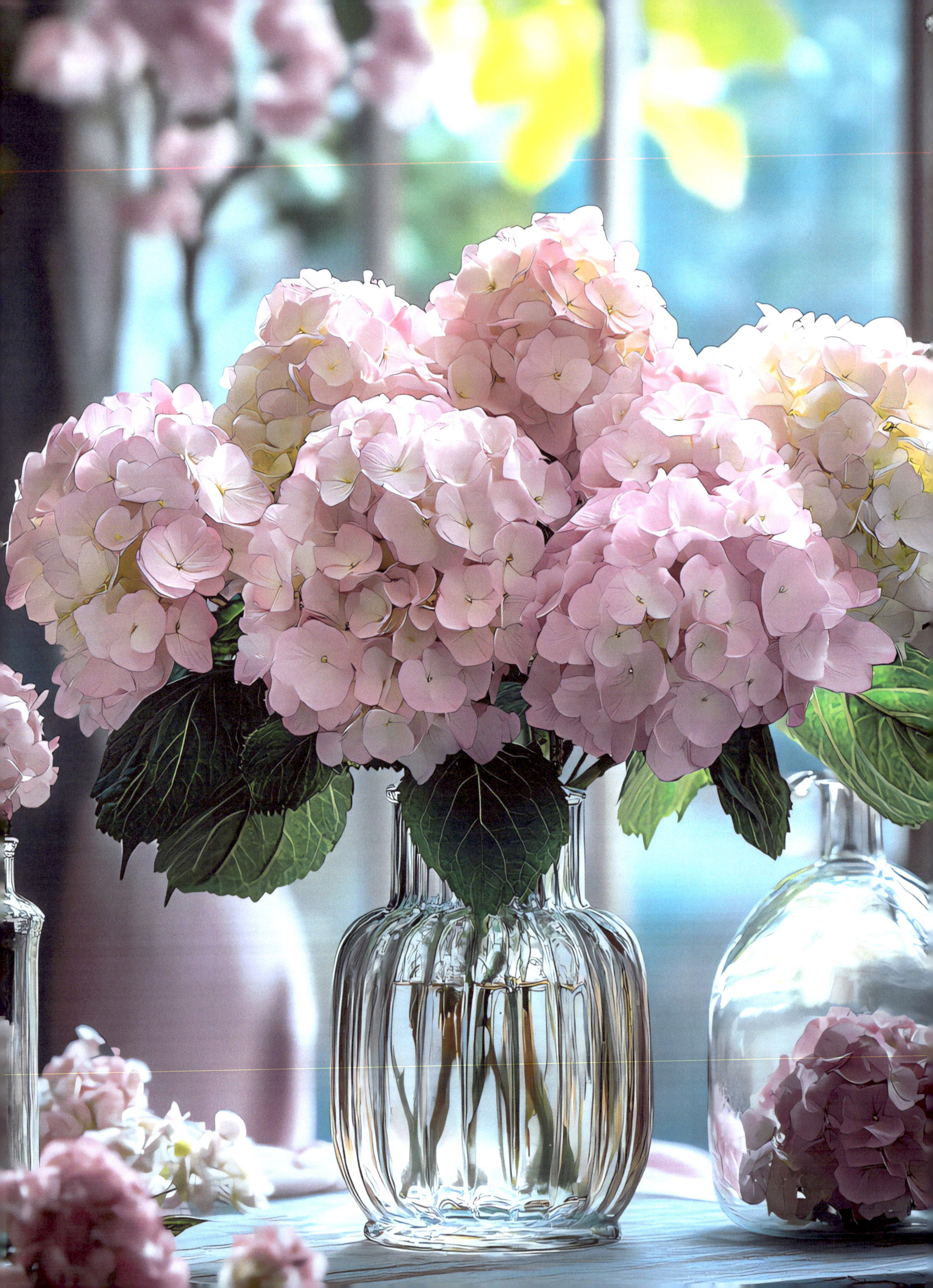

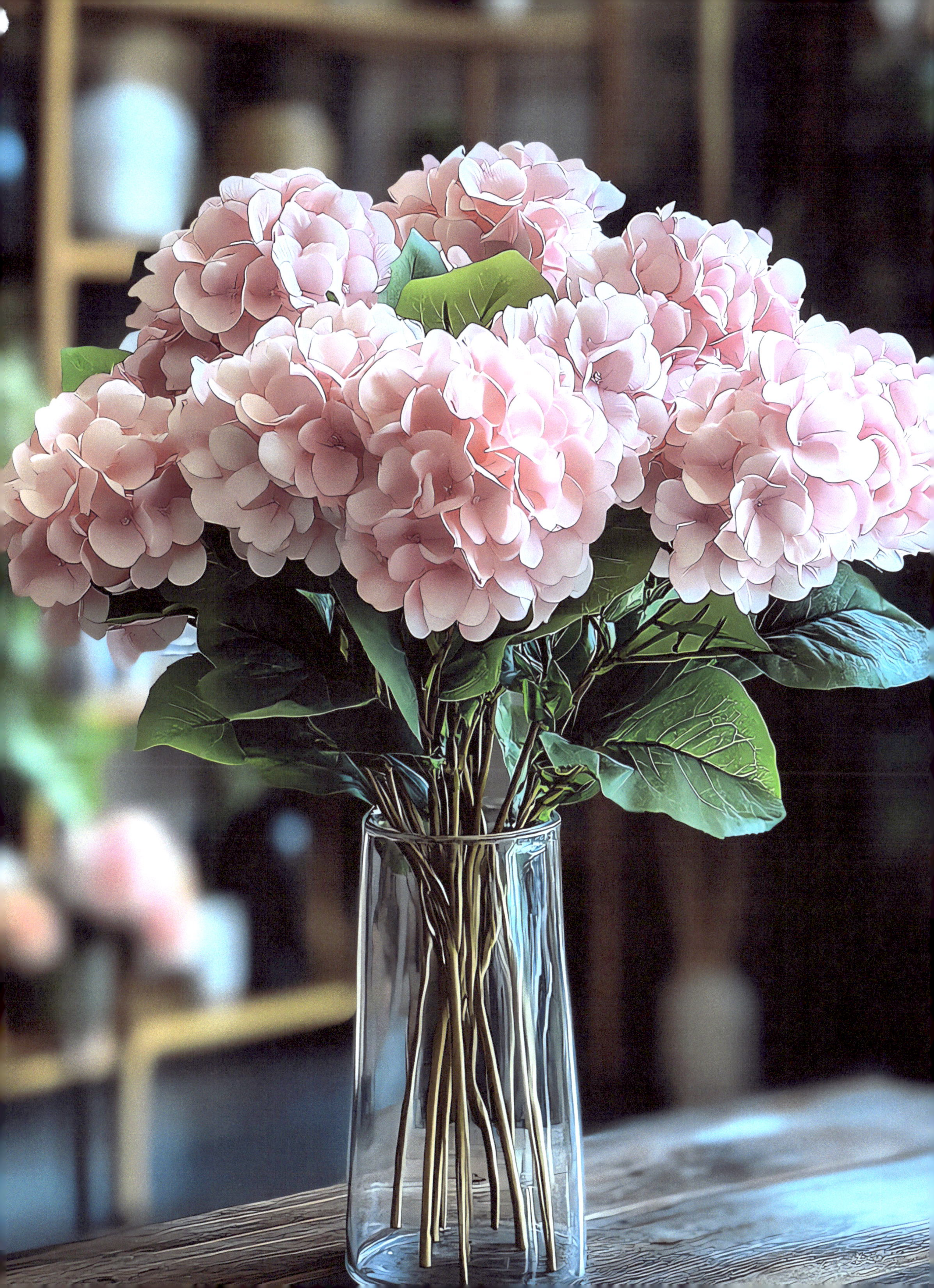

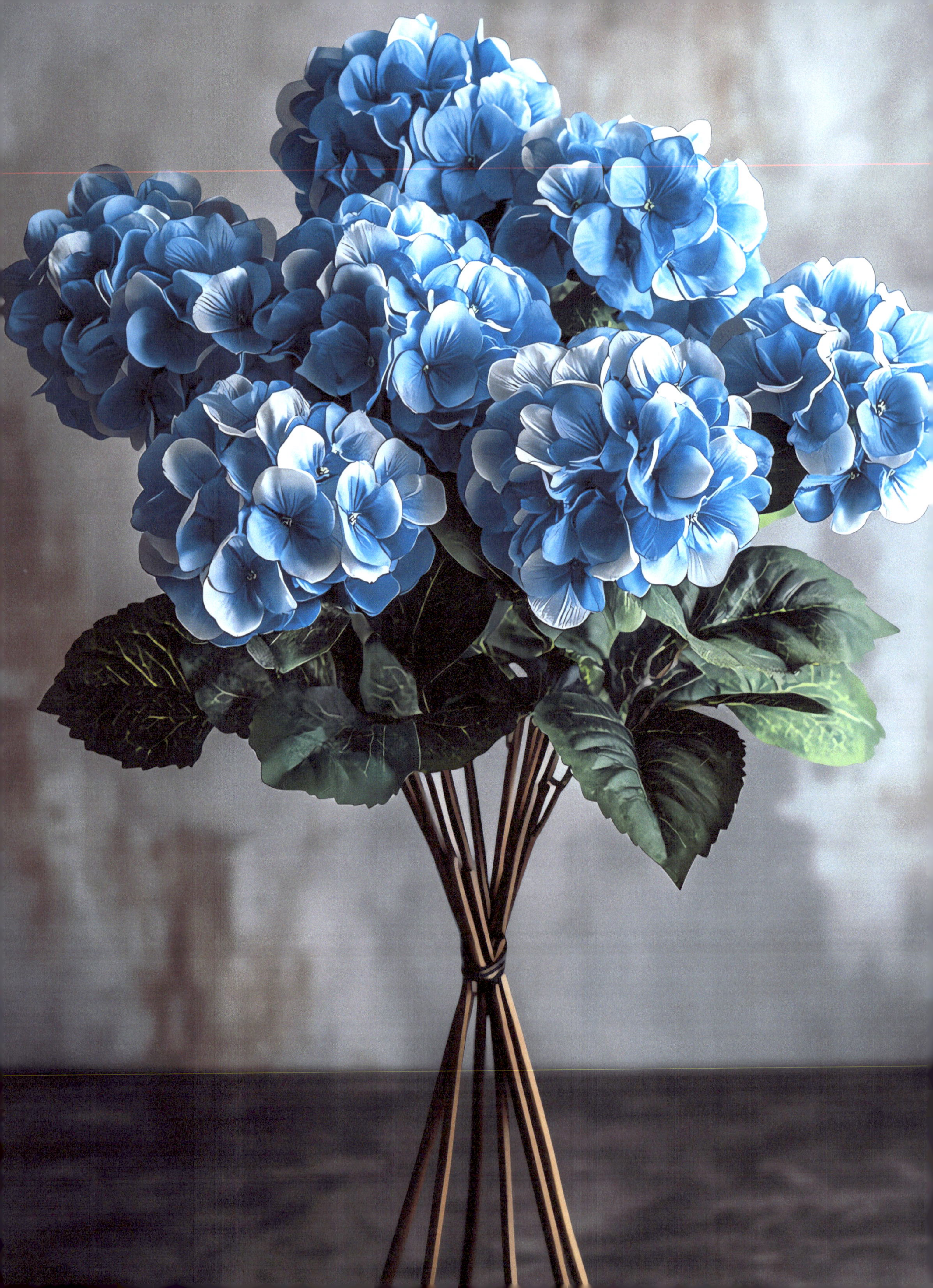

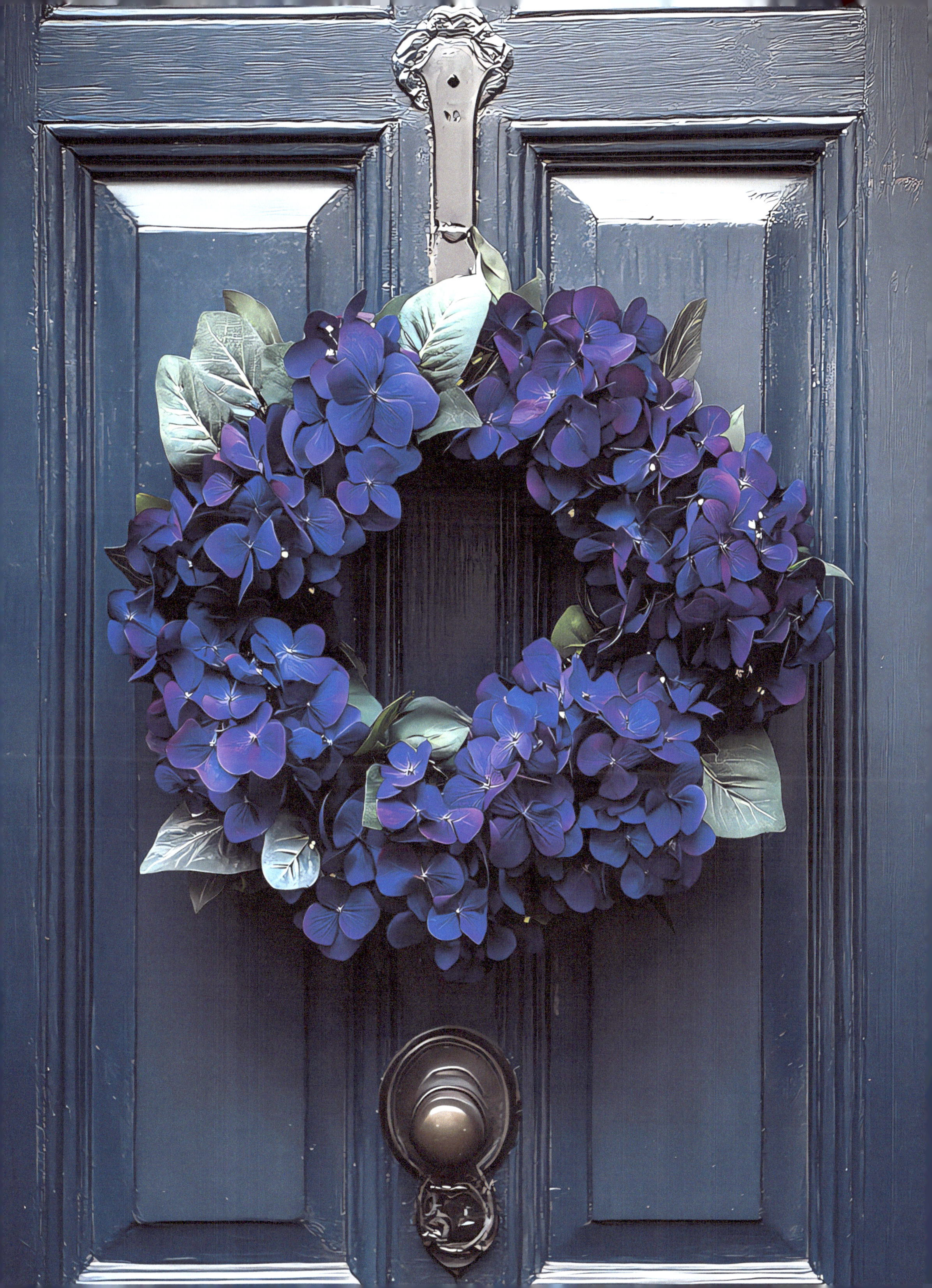

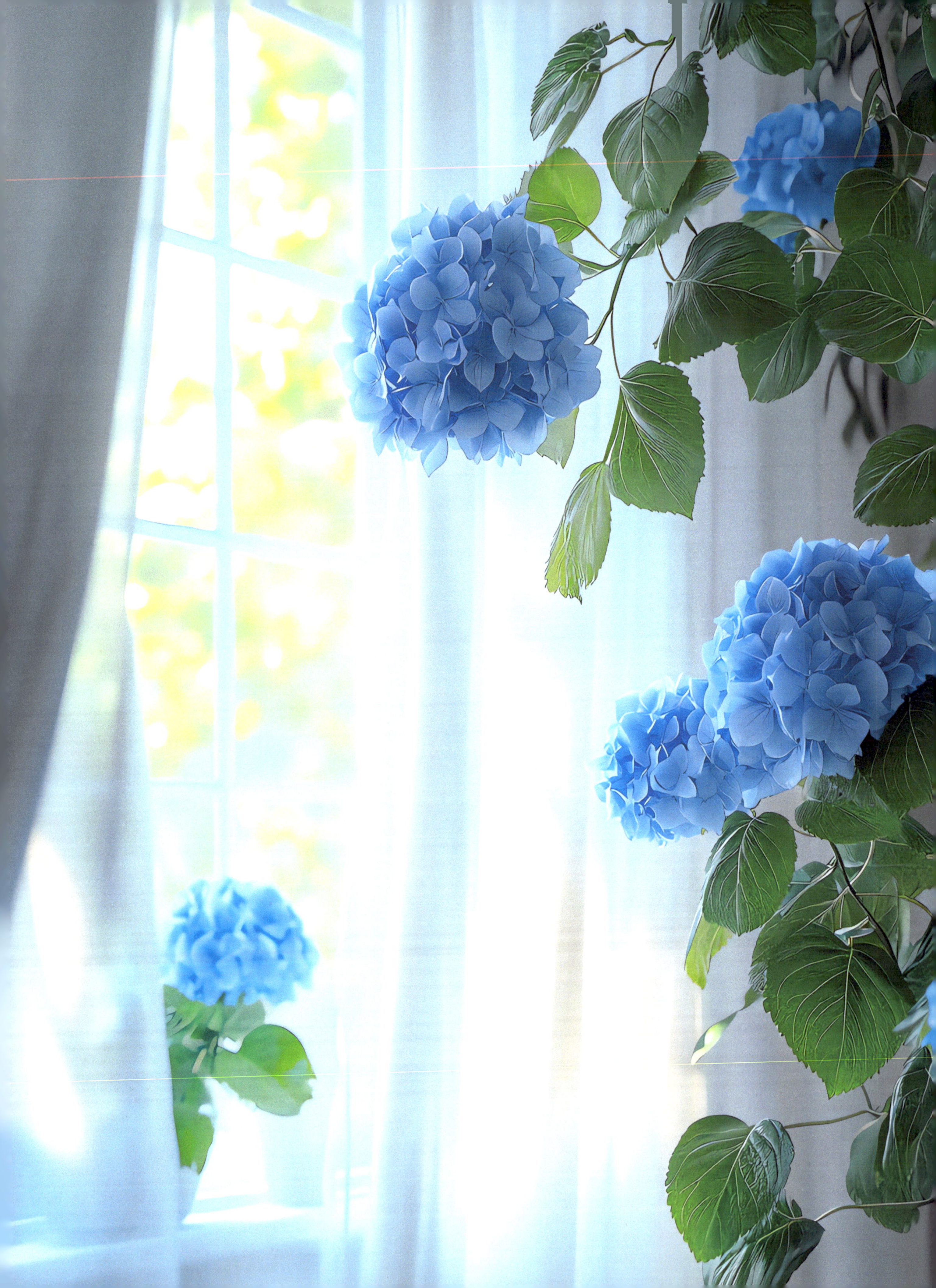

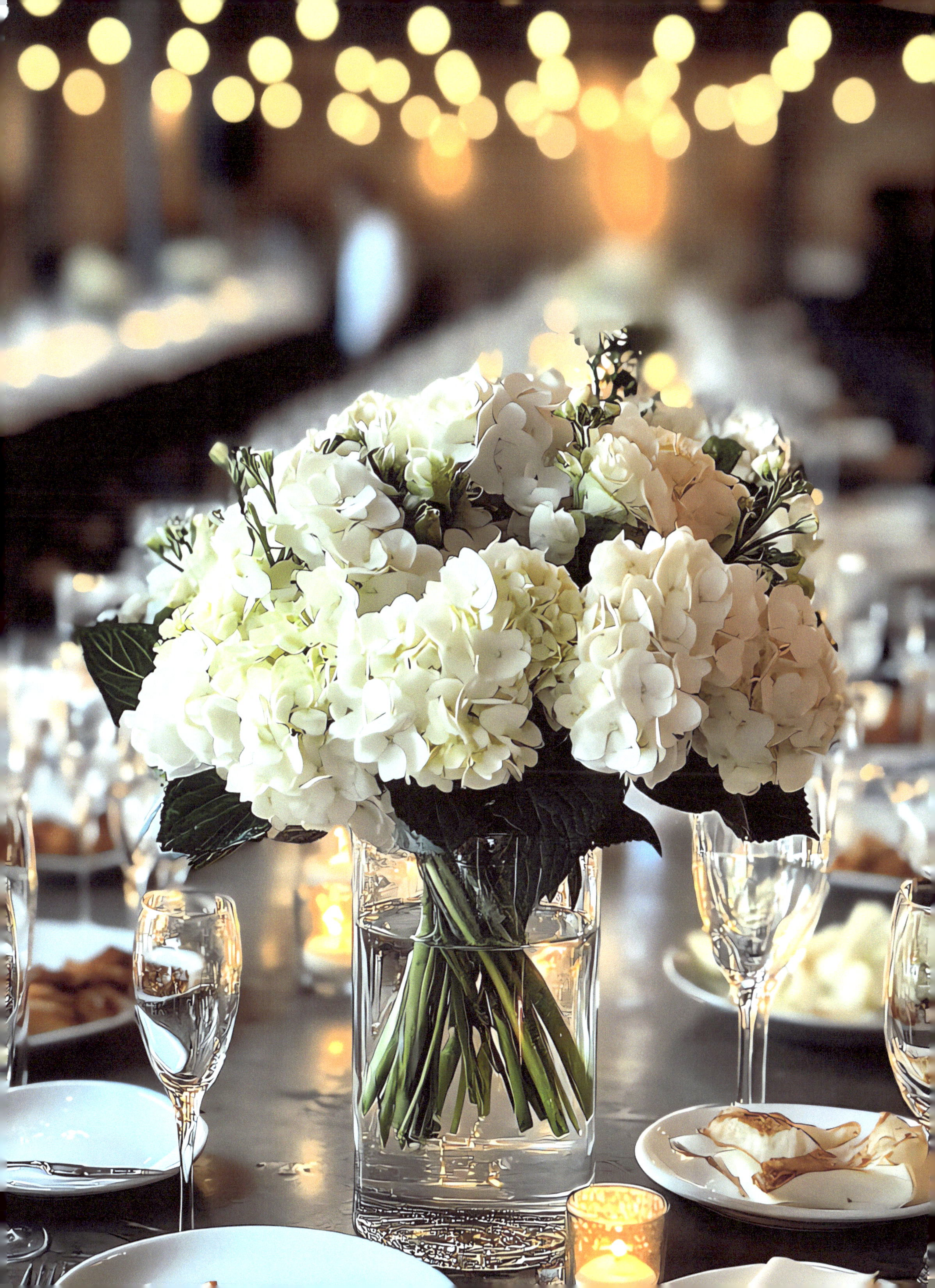

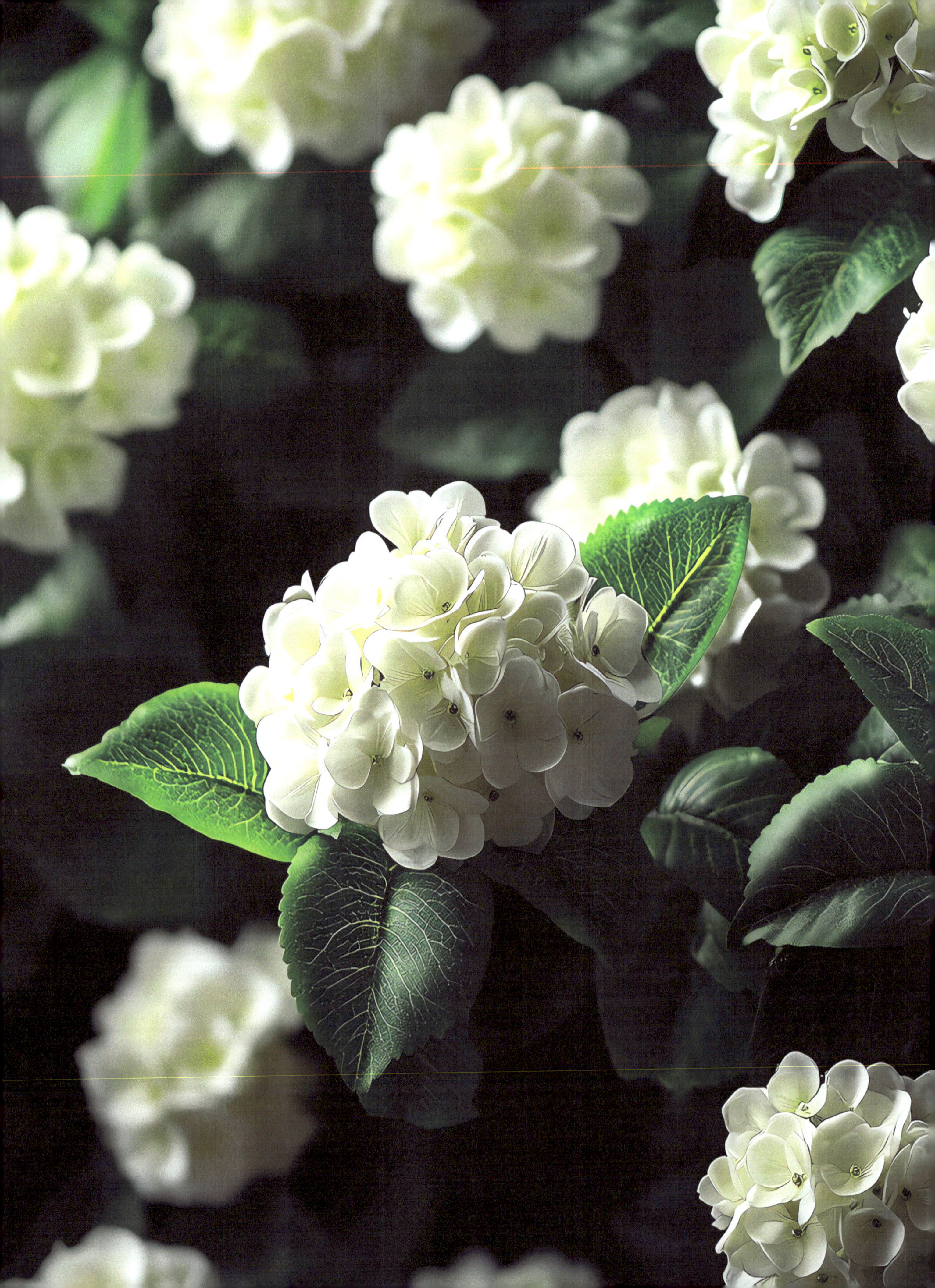

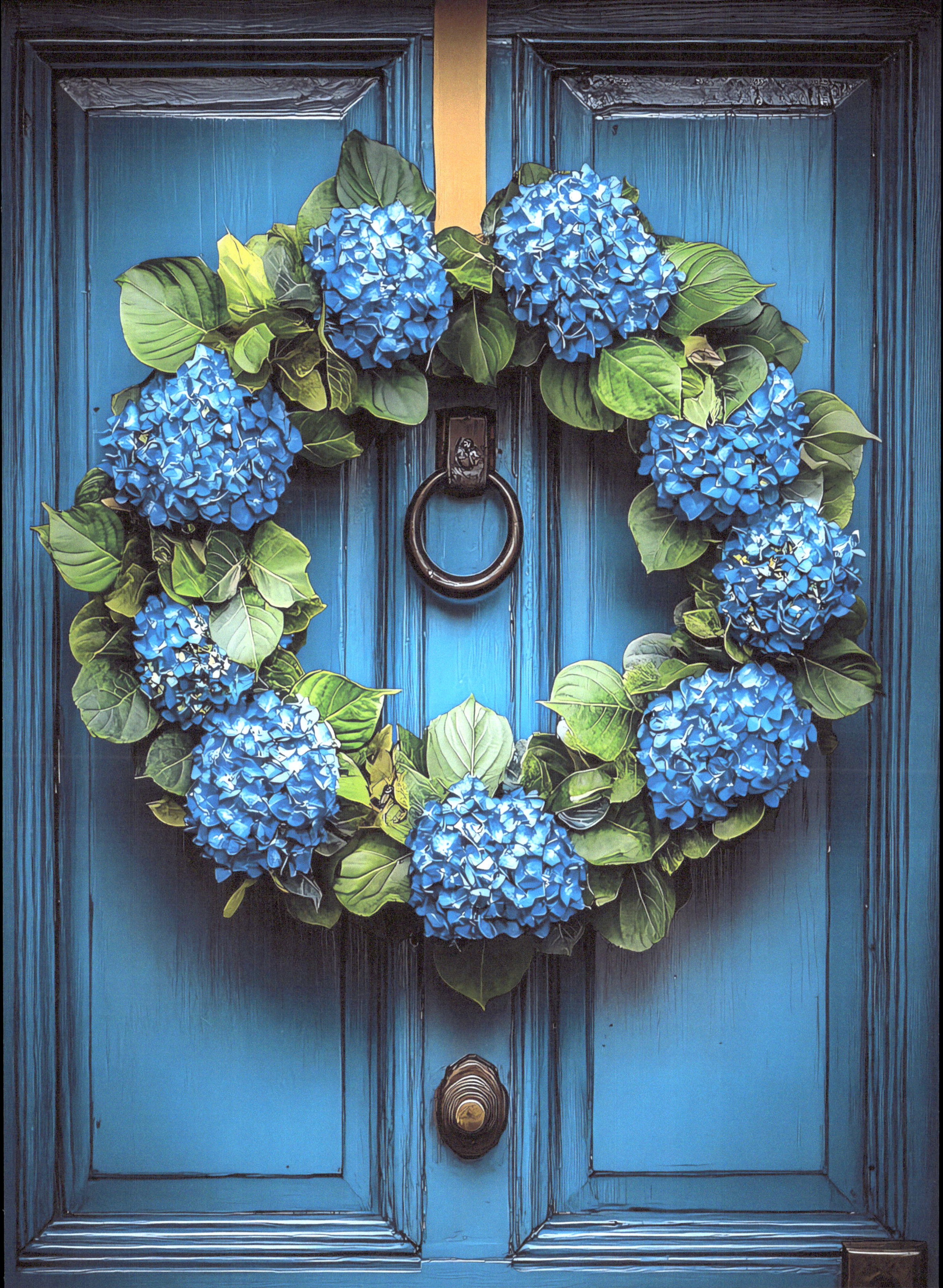

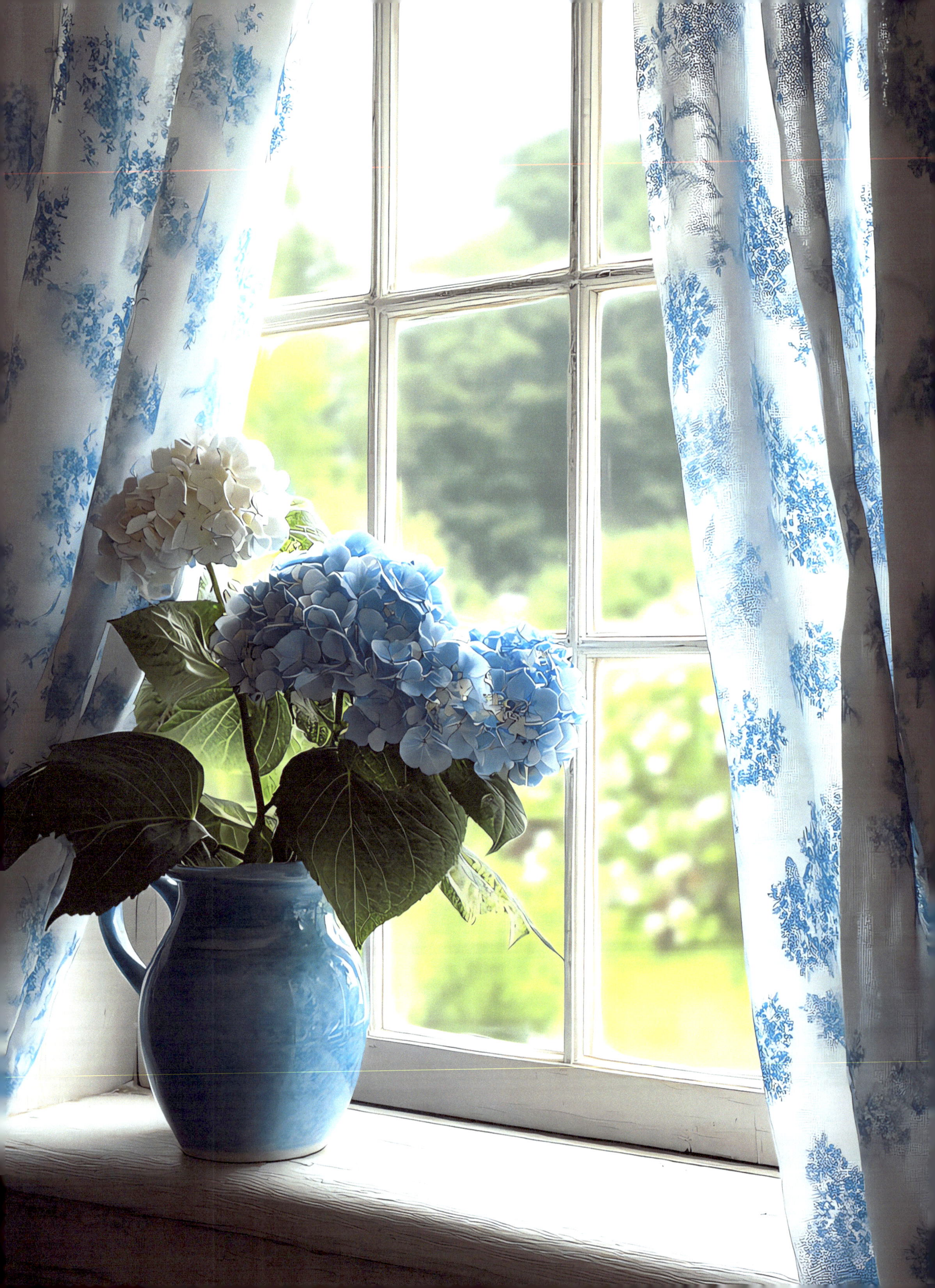

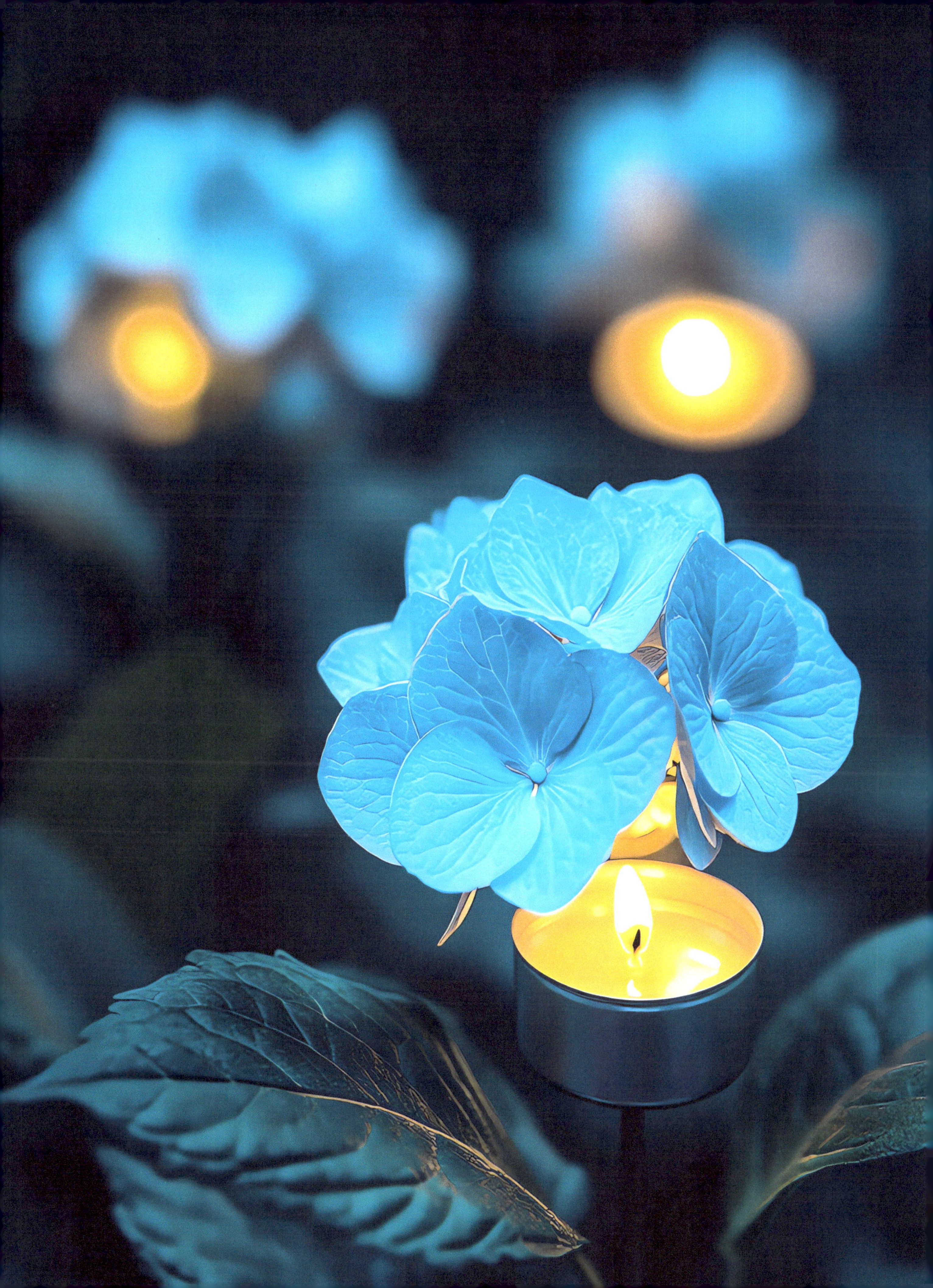

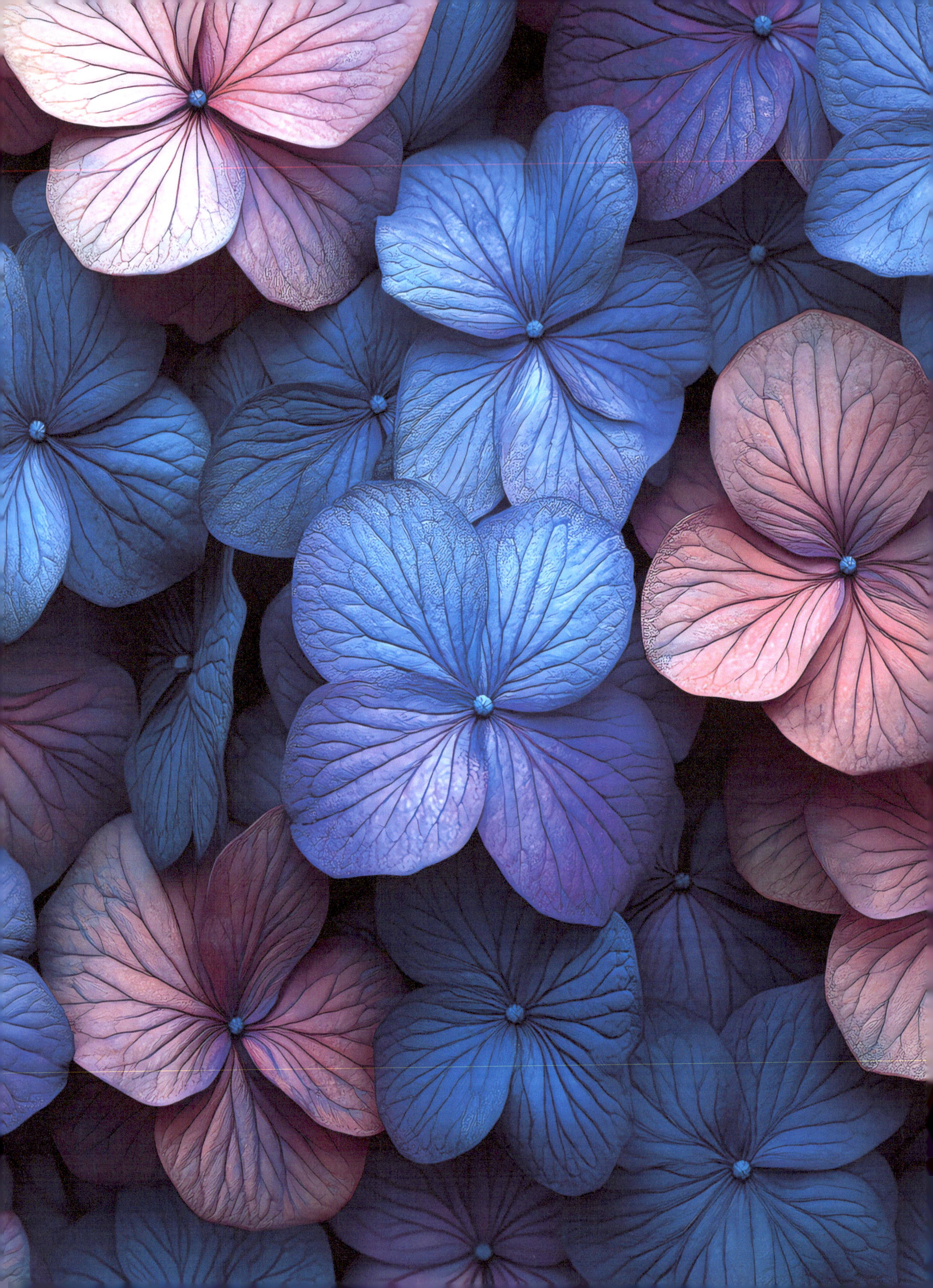

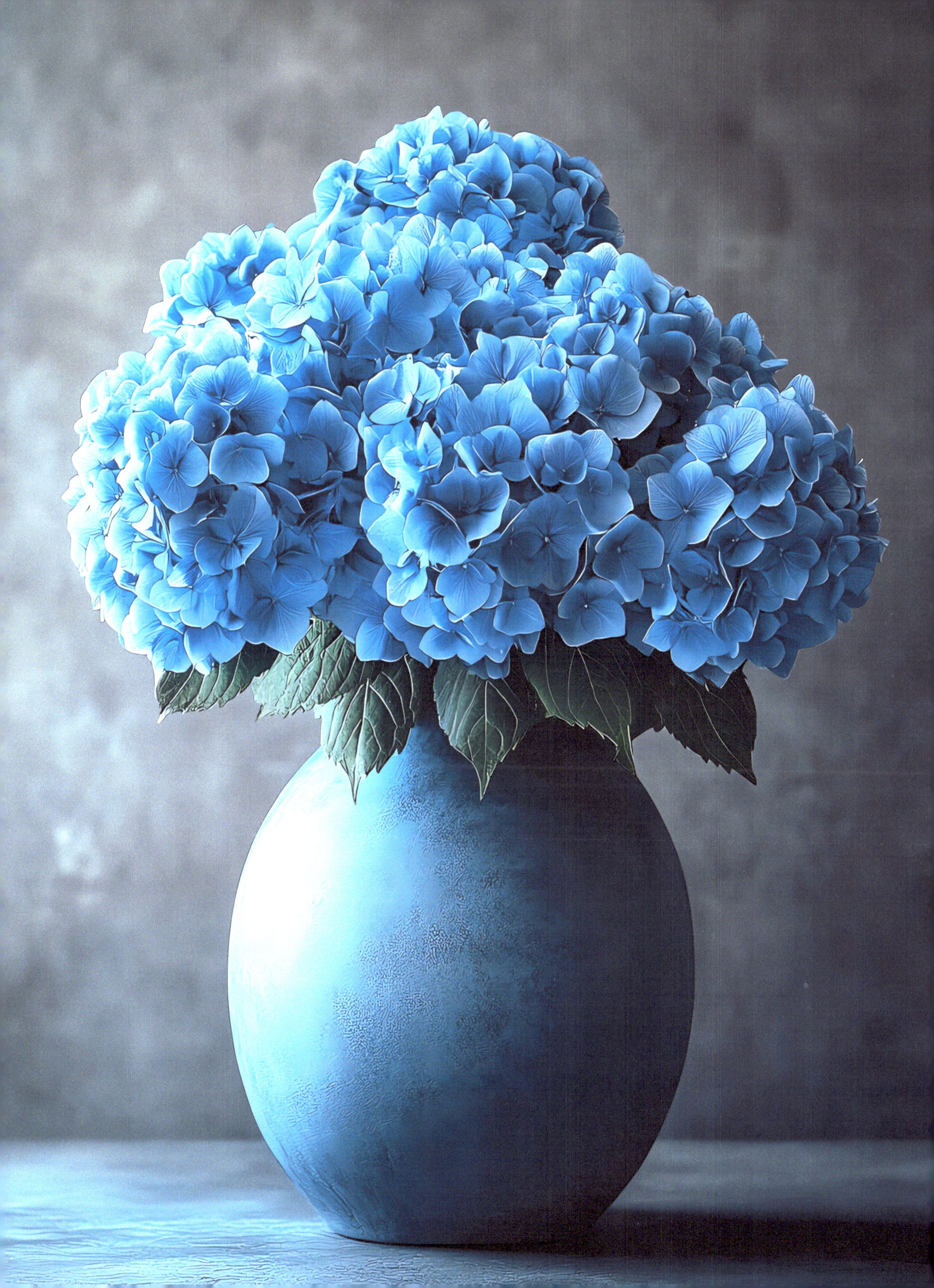

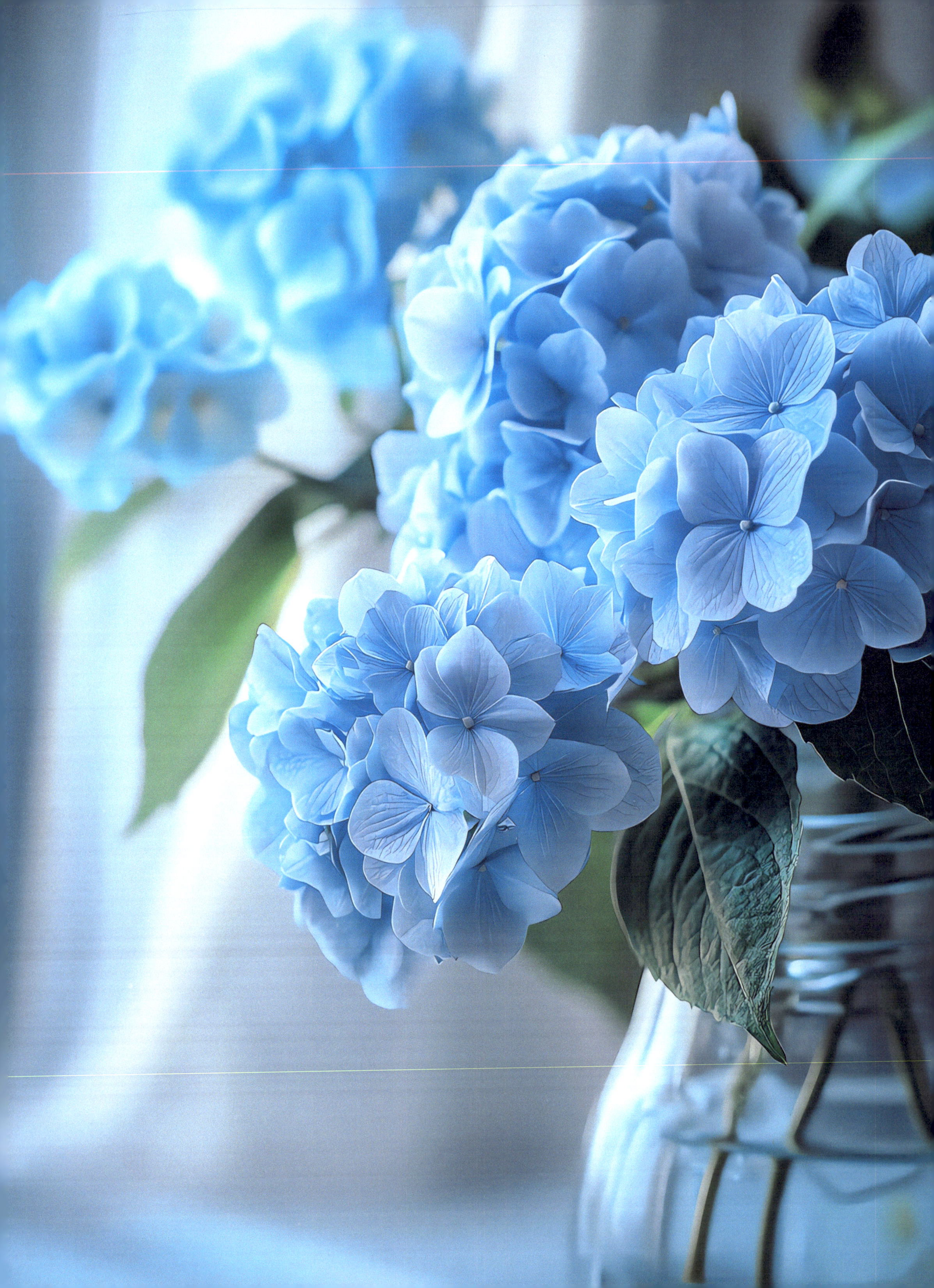

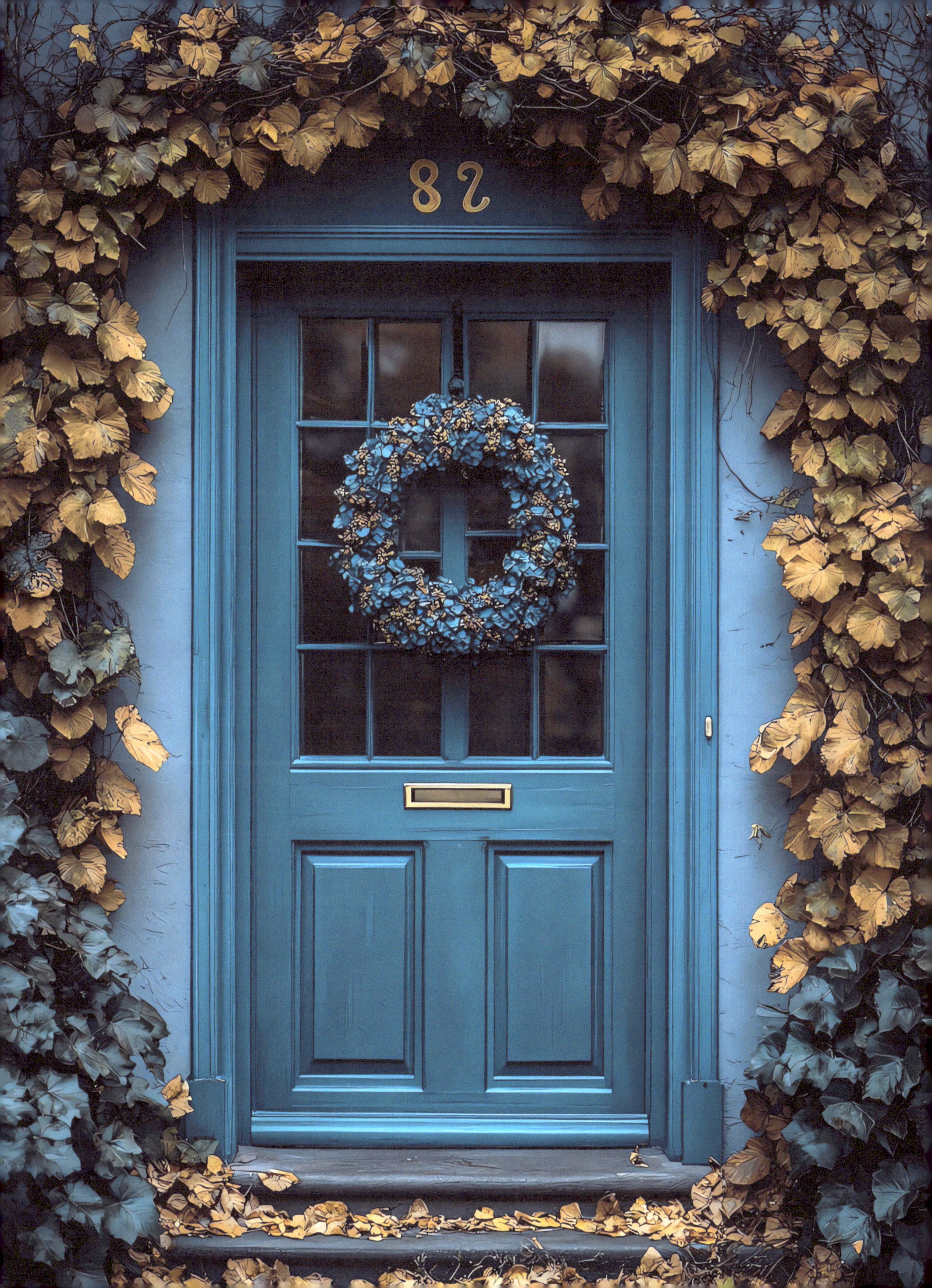
82

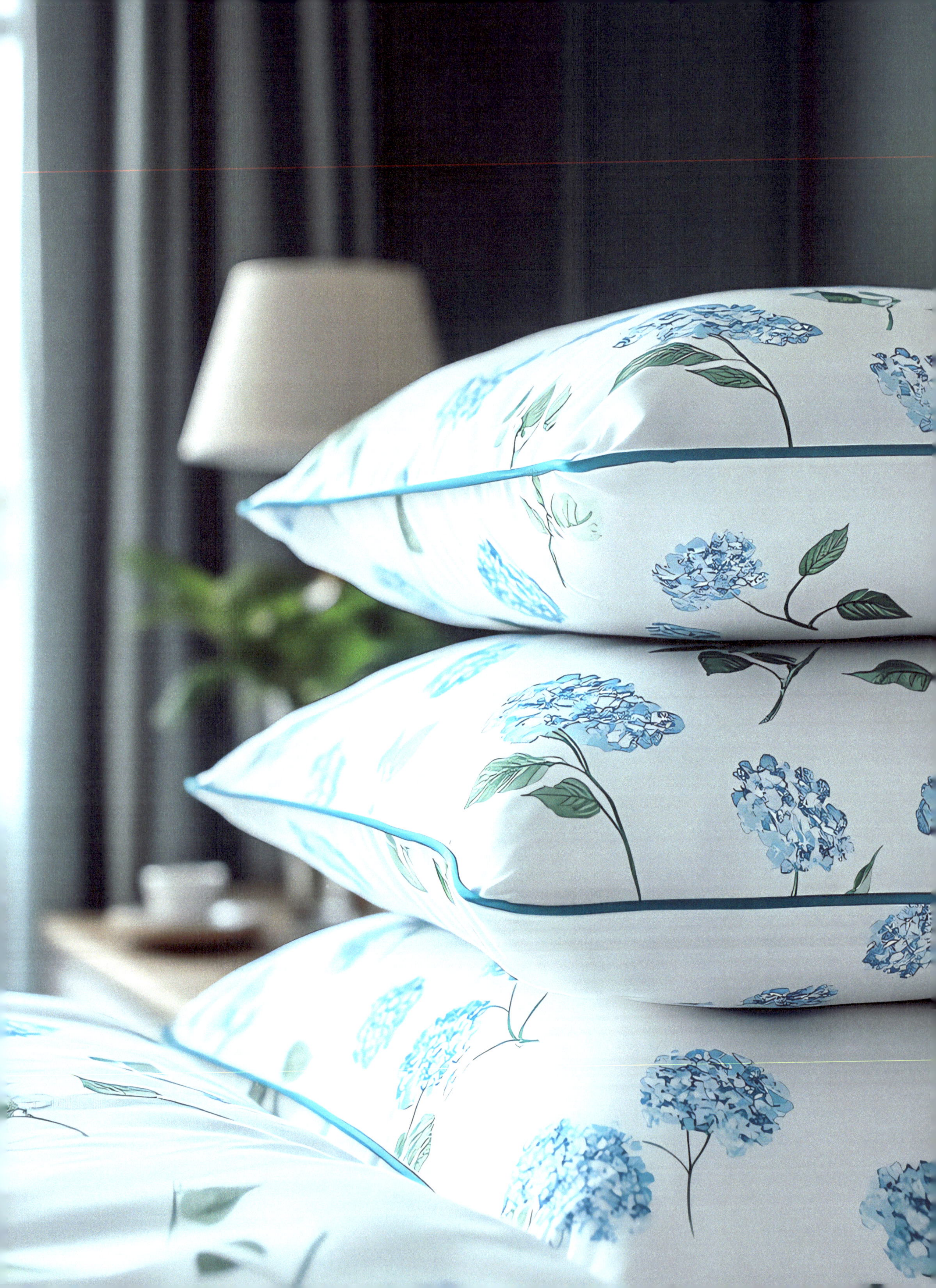

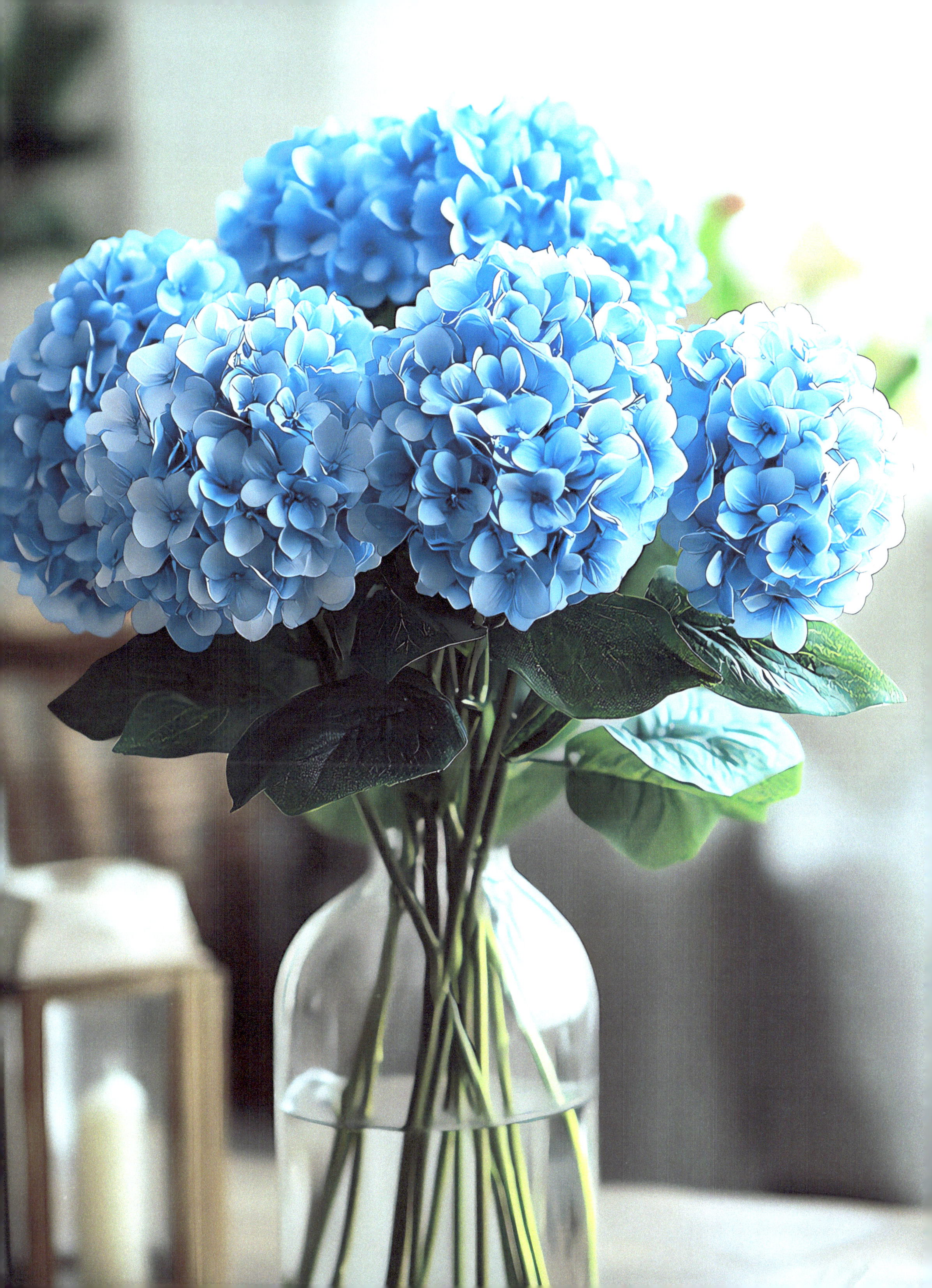

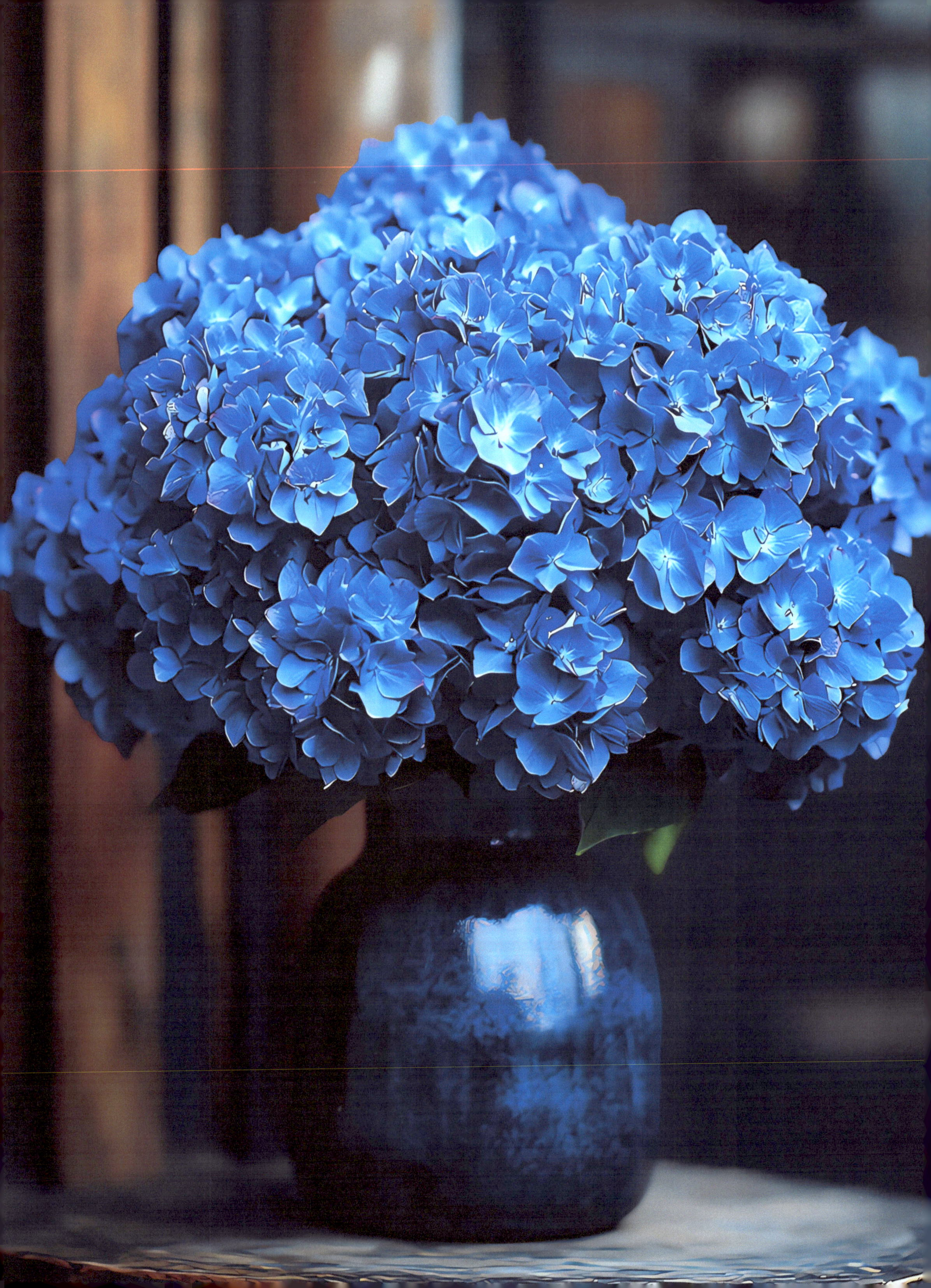

www.ingramcontent.com/pod-product-compliance
Lightning Source LLC
Chambersburg PA
CBHW040437220526
45473CB00004B/1459
9798302045102